汉语言文学与文化融合的深度研究

贾俊玲　田继英　王　旭◎著

吉林出版集团股份有限公司
全国百佳图书出版单位

图书在版编目（CIP）数据

汉语言文学与文化融合的深度研究 / 贾俊玲，田继英，王旭著. -- 长春 : 吉林出版集团股份有限公司，2024. 8. --ISBN 978-7-5731-5783-6

Ⅰ. H1

中国国家版本馆 CIP 数据核字第 20245RG889 号

汉语言文学与文化融合的深度研究

HANYUYAN WENXUE YU WENHUA RONGHE DE SHENDU YANJIU

著　　者　贾俊玲　田继英　王　旭

责任编辑　蔡宏浩

装帧设计　万典文化

开　　本　787 mm× 1092 mm　1/16

印　　张　6. 5

字　　数　100 千字

版　　次　2025 年 3 月第 1 版

印　　次　2025 年 3 月第 1 次印刷

出　　版　吉林出版集团股份有限公司

电　　话　0431-81629679

发　　行　吉林音像出版社有限责任公司

（吉林省长春市南关区福祉大路 5788 号）

印　　刷　吉林省信诚印刷有限公司

ISBN 978-7-5731-5783-6　　　　定　　价　72.00 元

PREFACE 前　言

汉语言文学与文化融合是一个广泛而深刻的话题，它涉及中国悠久的语言文字传统、丰富多彩的文学创作，以及博大精深的文化内涵。本研究旨在深入探讨汉语言文学与文化的融合过程、形式与意义，探索其在中国乃至世界文化交流中的地位与作用。

汉语言文学作为中国传统文化的重要组成部分，承载着丰富的历史、文化和精神内涵。在长期的发展过程中，汉语言文学与中国各地的地域文化、民族文化、宗教文化等相互交融、相互影响，形成了多样化和丰富性。随着中国社会的变革和现代化进程，汉语言文学也在不断吸纳外来文化的影响，呈现出开放性和包容性的特点。在全球化的背景下，汉语言文学与文化融合不仅是中国文化自身的发展需求，也是促进不同文化之间相互理解与交流的重要途径。

汉语言文学是中国文化的精髓之一，拥有悠久的历史和丰富的传统。然而，汉语言文学并不仅仅是一种语言表达方式，它也承载着深刻的文化内涵。汉语言文学与文化融合是一个古老而丰富的领域，它承载着中国几千年的文化传承和人类思想的智慧。如今，在全球化的时代背景下，汉语言文学和文化融合的重要性愈发显著。因此，深入研究汉语言文学与文化融合的过程对于理解当今中国社会的动态和中国文化的变化至关重要。本书旨在探讨汉语言文学与文化之间的紧密联系，以及它们如何相互影响和融合，进而为更好地理解中国文化和传统提供洞见。

作者在写作本书的过程中，借鉴了许多前辈的研究成果，在此表示衷心的感谢。由于本书需要探究的层面比较深，作者对一些相关问题的研究不透彻，加之写作时间仓促，书中难免存在一定的不妥和疏漏之处，恳请前辈、同行以及广大读者斧正。

作　者

2024 年 4 月 10 日

CONTENTS

目　录

第一章 汉语言文学与文化融合的基础理论

第一节 汉语言文学与文化融合的理论框架

一、汉语言文学的理论框架

（一）汉语言文学的创作理论

汉语言文学的创作理论是对文学创作过程进行深入研究的重要领域，它关注着作家如何借助丰富的汉字表达方式，构建独特的文学作品。创作理论不仅关注作品本身的形式与结构，还涵盖创作灵感、文学风格、叙事结构等方面，反映着作家在创作过程中的创新和表达追求。在汉语言文学的创作理论中，有许多重要的观念和理念，其中包括对传统文学的继承与创新、对语言的敏感性以及对文学价值的追求等方面的讨论。汉语言文学的创作理论中，对传统文学的继承与创新是一个核心议题。作家在创作过程中既需要继承传统文学的精华，又要有所创新，使作品有新的内涵和表达方式。作家通过对经典文学的深入理解，将传统元素融入了当代文学创作中，例如，在小说创作中，作家可以通过对古典小说的解构与再构建，创造出富有现代性的作品。这种对传统的巧妙运用既展现了作家对文学传统的尊重，又在创新中呈现出新的审美价值。创作理论关注作家在创作灵感方面的表达与实践。创作灵感是文学创作的源泉，而如何捕捉、表达和转化这些灵感是作家需要深入思考的问题。在这一方面，语言的表现力成为关键因素。汉字的丰富表达方式为作家提供了广阔的创作空间，通过巧妙运用汉字的多义性、联想性，作家能够更充分地表达内心的情感和思想。创作灵感的迸发和转化也受到文学创作技巧的影响，作家需要善于利用修辞手法、语法结构等工具，使作品更具艺术感染力。文学风格作为创作理论中的一个重要方面，影响着文学作品的审美效果。

文学风格既体现了作家个体的创作个性，又反映了特定时代和文学流派的特色。在汉语言文学中，作家通过对词语的选择、句法的构建、修辞手法的运用等方面的精妙处理，打磨出独特的文学风格。这也与汉字的形体结构、音韵特点密切相关。一些作家追求简练明快的风格，而另一些则偏爱丰富复杂的表达方式，这种多样性为文学创作提供了更加广泛的可能性。叙事结构是创作理论中的另一个关键议题。如何在文学作品中巧妙地安排情节、展开故事，构建引人入胜的叙事结构，是作家需要深入思考的问题。在这方面，作家在利用汉字进行叙事时可以运用一些独特的手法，比如，借助汉字的形状、音韵，构建富有韵律感的叙事结构，使读者在阅读过程中能够产生更强烈的情感共鸣，同时，作家还可以通过汉字的多义性、象形性，创造出更具层次感和深度的叙述。在创作理论中，汉语言文学还强调语言的敏感性。作为表达思想和情感的工具，语言的选择对于文学作品的质量有着至关重要的影响。作家需要敏感地捕捉语言的微妙变化，善于运用词语的音韵、形状、意义等多层次特性，创造出更具有表现力和艺术感染力的语言，同时，对语言的敏感性也意味着对文学传统的深刻理解，对语言的历史演变和发展趋势的洞察，这有助于作家更好地把握和运用语言的力量。创作理论中对文学价值的追求是不可忽视的一环。在汉语言文学创作中，作家不仅要追求艺术的表达，还要思考文学作品在社会、人类文明进程中的价值，涉及了作品对于人性、社会现象、历史事件等方面的深刻观察和反思。作家通过对这些议题的思考，通过文学作品传递对于人生、世界的独特理解，使作品具有深远的意义。在汉语言文学的创作理论中，对传统文学的继承与创新、创作灵感的表达与实践、文学风格的形成、叙事结构的构建、语言的敏感性以及文学价值的追求等方面的探讨都构成了丰富而复杂的理论体系。这些理论观念相互交织，共同为汉语言文学的发展提供了理论指导和丰富的思想资源。通过深入研究和理解这些理论，作家能够更好地在创作中发挥个人创造力，为文学作品赋予深刻的内涵和时代价值。

（二）汉语言文学的批评理论

在汉语言文学的理论体系中，批评理论占据着重要的地位，为研究者提供了深入评价和分析文学作品的方法。从传统的经典批评方法到现代主义批评、后现代主义批评等流派，这些批评理论框架为文学作品的解读提供了多元的视角，不仅影响着文学研究的方向，也对文学创作产生着深远的影响。经典批评方法在汉语言文学中占有重要地位。这一批评方法强调对文学作品的传统和经典的尊重，通过深入解读古典文学经典来揭示文学的本质。在中国文学传统中，经典批评方法常常通过对古典文学作品的文学风格、意象、主题等方面的深入剖析，揭示其中的哲学、道德和审美价值，例如，对于《红楼梦》的经典批评常常关注其深刻的人性洞察和社会风貌描绘，从而对整个中国文学传统的发展产生深远影响。现代主义批评在汉语言文学中也有其独特的地位，现代主义批评强调对语言的实验和对传统文学结构的挑战，对于主观性、多重叙述、非线性结构等元素的运用。在汉语言文学中，现代主义的影响体现在一些作家对于形式和结构的创新，以及对现代性、个体主义等主题的关注，例如，巴金的《家》中通过多重叙述角度展示家庭矛盾，对于现代家庭问题进行深刻的剖析，体现了现代主义的批评视角。后现代主义批评在汉语言文学中逐渐崭露头角。后现代主义批评强调叙事的多元性、真实性的相对性、对权力结构的质疑等。在汉语言文学中，一些作家开始尝试在叙事结构上进行实验，打破传统的线性叙事方式。在汉语言文学批评理论的演进中，文学研究者还探索了一些新的理论视角，如心理学批评、生态批评等。心理学批评强调通过心理学的理论来解读文学作品中的人物行为和心理状态，探讨作品背后的心理机制。生态批评则关注文学作品中对自然环境、生态问题的反映，通过文学来唤起人们对于环境保护的关注。汉语言文学的批评理论体系日益丰富和多元，各种流派在其中交相辉映。这些理论框架不仅影响着对文学作品的解读，也在一定程度上指导了文学创作的方向。作家在创作中不仅可以汲取传统经典的力量，还能够受益于现代主义、后现代主义等批评理论的启发，创造出多元和富有实验性的文学作品。随着时代的发展，汉语言文学的批评理论也将继续演变和发展，为文学研究和文学创作提供更广阔的空间。

（三）汉语言文学的理论流派

汉语言文学的理论流派在漫长的发展过程中呈现出丰富多彩的面貌，其中现代主义、后现代主义、女性主义和后殖民主义等流派各具特色。这些文学理论流派的涌现与社会、历史背景的变迁密切相关，它们为汉语言文学的研究提供了不同的理论框架，丰富了对文学作品的解读和理解。现代主义文学理论在汉语言文学中占有一席之地。现代主义强调对形式的重视，尤其注重实验性的语言和结构表达。这一流派在 20 世纪初期迅速崛起，试图打破传统文学的框架，挑战传统叙事结构和语言表达方式。现代主义文学理论在汉语言文学中的体现，可以通过一些著名作家的作品进行解读，如鲁迅的《狂人日记》和巴金的《家》等。这些作品通过独特的叙事结构和语言实验，呈现出对社会、人性的深刻思考，标志着汉语言文学走向现代化的一大步。后现代主义文学理论在汉语言文学中逐渐崭露头角。后现代主义文学理论强调语言的多样性、叙事的碎片化以及对权威和现实的怀疑。这一流派在 20 世纪中后期逐渐兴起，与社会的复杂性和多元性相契合。

作家通过扭曲叙事结构、混淆时间和空间的界限，试图呈现出更加真实和复杂的人类生存状态。在汉语言文学中，可以看到一些后现代主义的痕迹，它们以非传统的叙事方式挑战读者的认知边界，呈现出一种新的文学体验。女性主义文学理论对于探讨女性在文学中的地位和权利发挥了重要作用。在汉语言文学中，女性主义文学理论关注女性的经验、诉求和抗争，呼唤性别平等和女性权益的认知，如张爱玲的《红楼梦批评》和余华的《活着》等作品中，反映了女性在传统社会中的困境和对抗，为女性主义文学理论的发展提供了有力的支持。后殖民主义文学理论关注在殖民主义历史影响下的文学表达。汉语言文学的理论流派涵盖了现代主义、后现代主义、女性主义和后殖民主义等多个方面。这些理论流派不仅深刻影响了文学创作和研究，也为人们更好地理解文学作品背后的社会、历史和文化语境提供了丰富的工具。通过对这些理论流派的深入研究，我们可以更全面地把握汉语言文学的多维面貌，推动文学理论的不断发展和创新。

（四）汉语言文学与社会文化

汉语言文学与社会文化的紧密关系在文学理论框架中占据着极为重要的位置。汉语言文学既是情感和经历的表达载体，同时也是对社会、政治和文化的深刻反映。通过深入研究汉语言文学，我们能够更全面地理解作品与社会背景之间的相互影响，以及文学作品所传递的丰富社会价值观。文学作品在汉语言文学中被视为一种独特的语言艺术，通过文字的魅力表达个体的情感和思想。在这个过程中，作家往往将自身的感受融入作品中，以此来反映个体在特定社会文化环境中的生活体验。这种情感的传递不仅仅是个体内心世界的抒发，更是对社会现象和文化现状的一种有力回应。汉语言文学作为一种文化的表达形式，承载着丰富的社会信息。文学作品中的人物形象、情节设置、语言运用等元素都在一定程度上反映了当时社会的价值观、伦理观和审美观。通过分析文学作品，我们能够窥见作者对社会文化的独特理解，进而推断出当时社会的某些特征和问题。在汉语言文学的理论框架中，文学作品被认为是社会变迁的一个镜子，通过作品中的细节和情节，我们可以观察到社会的发展轨迹。在不同历史时期的文学作品中，可以清晰地看到社会结构、经济状况、政治制度等方面的变化，这为我们提供了深刻的历史学资料。

文学作品还是对社会文化进行批判和思考的重要途径。通过小说、诗歌、散文等不同体裁的文学作品，作家表达了对社会问题的关切和对人类命运的思考。这种思考不仅促使读者深刻反思自身处境，也在一定程度上引导社会对于某些问题的关注和反思。汉语言文学与社会文化的关系并非单向的。不仅是文学作品受到社会的影响，社会也受到文学作品的塑造和引导。优秀的文学作品能够引领社会价值观的转变，推动社会进步。作品中的正能量和积极思想，往往能够激发人们对美好生活的向往，引导社会走向积极向上的方向。汉语言文学与社会文化之间的关系是紧密而复杂的。通过对文学作品的深入研究，我们可以更好地理解社会的方方面面，从而推动文学与社会文化的良性互动。这种相互影响的过程不仅促使文学作品更加生动有趣，也使社会更加丰富多彩。因此，在理论研究和实践中，应当更加注重对汉语言文学与社会文化关系的深入挖掘，以促进文学与社会共同发展，共同繁荣。

二、文化融合的理论框架

（一）文化同化与文化多元性

1. 文化同化理论

文化接触是指不同文化之间相互接触、交流和影响的过程。在这个过程中，较强文化对弱文化的影响常常引发文化同化的现象。文化同化是指在文化接触中，一种文化在某些方面被另一种文化所吸收、影响和转变的现象。同化理论关注的正是这种文化接触中的权力关系和文化传播的不平等性，强调了文化同化现象所背后的复杂机制。在考察文化同化的理论框架中，文化融合是一个重要的概念。文化融合是指不同文化元素在相互接触的过程中融合、交融的现象。在文化融合的过程中，文化之间的边界变得模糊，各种文化元素相互渗透，形成新的文化形态。因此，文化同化不仅仅是一种单向的、被动的影响，更是在文化融合的框架下，文化元素相互借鉴、融合的复杂过程。文化同化的现象常常涉及文化的权力关系。强文化具有更大的话语权和文化输出能力，通过媒体、教育、科技等途径对弱文化进行渗透和塑造。这种文化的不对等关系使弱文化在文化接触中更容易受到强文化的影响，从而导致文化同化的趋势。文化同化理论强调了文化传播的复杂性。在文化传播的过程中，信息不仅仅是被动地被接收，而且在接收的同时，也会经历一定的解读、接纳和转化过程。强文化的影响不仅仅表现在文化元素的输入，更表现在被影响文化对这些元素的接纳和融合。因此，文化同化并不是简单的文化替代，而是一个双向互动的过程，涉及被影响文化的自主性和选择性。

在文化同化的理论框架中，文化融合提供了更加包容和开放的视角。文化融合认为，在文化接触中，各种文化元素之间的互动并非一种简单的支配与被支配的关系，而是一种共生共荣的过程。文化融合强调文化的多样性和丰富性，认为文化同化并非必然导致文化的丧失，而是为了更好地适应新的社会、经济和文化环境。文化同化的理论框架中也涉及文化保护主义的观点，文化保护主义强调在文化接触中应当保护和弘扬本土文化，防止其被强文化同化。这一观点认为，弱文化在文化接触中需要采取积极的保护措施，以确保自身文化的独立性和生存空间。文化同化的理论框架需要从文化融合、权力关系、文化传播和文化保护主义等多个维度进行考察。在全球化时代，文化接触不可避免，但如何平衡文化同化与文化保护之间的关系，以及如何促进文化融合的过程，都是一个值得深入研究的复杂问题。通过对文化同化的理论框架的深入剖析，我们能够更好地理解文化接触中文化元素之间的关系，为促进跨文化交流、保护本土文化和推动文化创新提供有益的启示。

2. 文化多元性理论

多元文化的存在在当今全球化的社会中显得尤为重要。在文化交流中，强调保留和尊重多元文化的差异性成为一种重要的理念。这种理念注重共存、共荣的思想，旨在通过文化融合的方式促进不同文化之间的互动和共同发展。多元文化的存在是丰富人类文明的重要源泉。每个文化都是独特而宝贵的，具有独特的历史、价值观、艺术表达和生活方式。多元文化的存在不仅仅为社会带来了文化的多样性，也为个体提供了更广泛的选择和认同空间。这种多元性反映了人类的创造力和适应性，是人类社会繁荣发展的基础。在文化融合的理论框架下，多元文化并非独立存在的，而是在交流互动中逐渐形成的。文化融合强调文化之间的相互渗透和互动，通过这种互动，不同文化之间的元素得以交流和融合，形成新的文化形态。在这个过程中，多元文化并不意味着文化的割裂和孤立，而是在互相学习、借鉴的过程中形成更加丰富和综合的文化格局。在文化融合的过程中，每个文化都有机会为共同的文化领域作出贡献，形成更加平衡和包容的文化格局。强调多元文化有助于构建更加开放和包容的社会。在多元文化的环境中，人们更容易接受不同文化的存在，更能够理解并尊重他人的文化背景。这有助于减少文化冲突和文化隔阂，促进社会的和谐发展。多元文化的存在激发了个体对于文化差异的好奇心，使人们更愿意探索、学习和欣赏其他文化，从而形成更加开放和多元的社会风貌。

在文化融合的理论框架下，多元文化的强调与文化共融密不可分。文化共融强调的是在文化交流中各种文化元素的相互融合，形成新的文化形态。这并不是简单的文化混合，而是在互相尊重和理解的基础上进行的深层次的融合。文化共融的过程中，每个文化都有机会发挥自身的优势，同时也要保持对其他文化的敏感性，以实现文化的共同繁荣。在实现文化共融的过程中，教育扮演着关键的角色。教育是培养文化理解、尊重和包容性思维的关键途径。通过在教育中引入多元文化教育，人们能够更好地理解不同文化的价值观和习惯，培养对多元文化的开放态度。通过鼓励学生参与跨文化交流和体验，可以更好地促使文化融合的实践。鼓励并支持多元文化的存在和发展也至关重要。强调多元文化的存在并提倡共存共荣的理念在文化融合的理论框架下具有重要的意义。通过尊重和保留每个文化的独特性，实现文化的共融，社会可以在文化交流中取得平衡和谐的发展。多元文化的存在不仅丰富了人们的生活体验，也为社会的可持续发展提供了坚实的基础。通过在教育和政策层面共同努力，可以更好地实现多元文化的共存共荣，推动人类社会朝着更加包容和丰富的方向发展。

（二）文化对等理论

文化对等理论强调文化交流的平等性，认为在文化交流中，不同文化之间并不是单向影响的关系，而是相互作用、相互影响的过程。这一理论揭示了文化交流的复杂性和多样性，强调了文化之间的平等性和共享性，对文化融合和文化传播具有重要启示意义。文化对等理论的核心观点是，文化交流是一种相互影响的过程。在文化交流中，不同文化之间不存在单一的主导关系，而是通过相互作用、相互影响的方式进行文化交流。这意味着不同文化在交流中既是影响者，也是被影响者，彼此之间不存在绝对的优劣或高低，而是在相互交流中产生新的文化元素和形态。

文化对等理论强调了文化交流的平等性。在传统的文化传播理论中，往往存在着文化传播的主导者和被动接受者之分，而文化对等理论则否定了这种单向影响的观点，认为文化交流应该是平等的、相互尊重的过程。每个文化都具有独特的特点和价值，都有权力参与到文化交流中，并对其他文化产生影响。文化对等理论强调了文化交流的共享性。在文化交流过程中，不同文化之间会产生共享的新文化元素，这些新文化元素既融合了不同文化的特点，又具有独特的文化特色。这种共享的文化元素既反映了文化交流的结果，也促进了文化的多样性和丰富性，为文化的发展和繁荣作出了重要贡献。文化对等理论对文化融合的理论框架具有重要的启示意义。在全球化背景下，文化交流日益频繁，不同文化之间的融合和交流呈现出多样性和复杂性。文化对等理论提出了一种全新的理论视角，为我们理解和探讨文化融合提供了重要的思路和方法。在文化融合的过程中，应当强调文化交流的平等性，尊重每个文化的独特性和特点，促进文化之间的平等交流和共享。文化对等理论还对文化传播和文化政策提出了重要的启示。在文化传播实践中，应当重视文化交流的平等性，避免单一文化的主导和压制，鼓励多元文化的共存和交流。在文化政策制定和实施过程中，应当重视文化多样性和文化平等，保护和促进各种文化的发展和繁荣，营造一个平等、包容的文化环境。

（三）文化霸权理论

文化霸权理论强调在文化交流中存在着文化霸权现象，即某些强势文化会通过意识形态、经济、政治等手段主导其他文化，并对其进行影响和改变。这一理论揭示了文化交流中的权力关系和不平等现象，对文化融合和文化传播产生了重要影响。文化霸权理论的核心观点是，文化交流中存在着文化霸权现象。在全球化背景下，一些强势文化通过意识形态、经济、政治等手段主导其他文化，使其处于被动、被影响的状态。这些强势文化具有较强的文化传播能力和影响力，能够影响其他文化的价值观、生活方式、审美标准等方面，导致其他文化逐渐丧失自身特色和独立性。

文化霸权理论强调了文化交流中的权力关系和不平等现象。在全球化进程中，一些发达国家和地区拥有强大的经济、政治和文化实力，能够通过各种手段主导全球文化市场和文化产业，推动自己的文化价值观和生活方式成为全球主流，而其他地区的文化则处于被动接受、被影响的境地。这种文化霸权现象导致了文化交流中的不平等现象，加剧了文化的单一化和同质化。文化霸权理论对文化融合的理论框架产生了重要影响。在文化融合的过程中，需要重视文化霸权现象带来的文化不平等问题，促进文化交流的多元化和平等化。文化融合不应该是一种单向的、被动地接受和被统一化的过程，而是应该是各种文化之间相互交流、相互融合的过程。在文化融合的实践中，应该重视弱势文化的保护和发展，促进各种文化的多样性和繁荣。文化霸权理论还对文化传播和文化政策提出了重要的启示。在文化传播实践中，应当重视文化霸权现象带来的文化不平等问题，促进各种文化之间的平等交流和共享。在文化政策制定和实施过程中，应当重视弱势文化的保护和发展，鼓励文化多样性和文化繁荣的发展，避免文化霸权对文化产业和文化市场的主导和垄断。

（四）文化混合理论

文化混合理论强调文化融合是多元文化相互交流、混合的结果，新文化形态是多个文化元素的融合和创新。这一理论突出了文化融合的多样性和复杂性，强调了文化交流中的相互影响和共生关系，对于理解和探讨文化融合具有重要意义。文化混合理论的核心观点是，文化融合是多元文化相互交流、混合的结果。在全球化背景下，不同文化之间的交流和互动日益频繁，不同文化元素在交流中相互渗透、相互影响，产生了新的文化形态和表现方式。这些新的文化形态既融合了不同文化的特点和元素，又具有独特的文化风格和特色，反映了多元文化的共生和交融。文化混合理论强调了文化融合的多样性和复杂性。在文化融合的过程中，不同文化元素之间存在着各种不同的交流模式和方式，包括互相借鉴、相互融合、相互抵触等。这些交流模式和方式共同构成了文化融合的多样性，使文化融合呈现出丰富多彩的面貌和形态。

文化混合理论强调了文化融合的创新性和创造性。在文化融合的过程中，不同文化元素相互碰撞、相互交融，产生了新的文化形态和表现方式。这些新的文化形态既融合了不同文化的传统和特色，又具有创新性和创造性，为文化的发展和繁荣作出了重要贡献。文化混合理论对文化融合的理论框架产生了重要影响。在文化融合的过程中，应当重视多元文化的相互交流和混合，鼓励各种文化元素之间的互动和交流，促进文化融合的多样性和创新性。文化混合理论还对文化传播和文化政策提出了重要的启示。在文化传播实践中，应当重视文化融合的多样性和复杂性，促进各种文化元素之间的平等交流和共享。在文化政策制定和实施过程中，应当重视多元文化的相互交流和混合，保护和促进各种文化的发展和繁荣，营造一个多元、开放的文化环境。

第二节　跨文化交流与汉语言文学

一、跨文化交流的内涵

跨文化交流是指在不同文化背景之间进行信息、观念、价值观等方面的交流和互动。这种交流不仅仅涉及语言层面，还包括文化认知、社会习惯、历史传统等多个方面。跨文化交流首先涉及语言的交流，但不仅仅是语法和词汇的传递，还包括文化中特有的符号系统，如习惯用语、成语、象征等。双方需要理解对方文化的背景，包括历史、传统、价值观念等，以更好地理解对方的言行举止。不同文化之间存在着不同的道德和伦理观念，跨文化交流需要在这方面进行理解和对话，以减少误解和冲突。对社会制度、个人责任感、家庭观念等方面的差异的理解，有助于双方更好地融入对方的社会环境。不同文化有不同的沟通方式和风格，包括表达感情的方式、言语的直接性等，这些对跨文化交流的成功至关重要。文化背景影响个体的自我认知和概念，跨文化交流需要理解和尊重对方的文化认同，以避免文化冲突。跨文化交流有助于文化的创新，通过文化元素的交流和融合，可以产生新的艺术、文学、科技等创新。不同文化之间的交流使各种文化元素得以融合，形成具有独特性的混合文化，推动文化的发展和多元性。不同文化之间难免会存在一些差异和冲突，跨文化交流需要寻找解决之道，培养解决问题的能力，以维护和谐关系。跨文化交流的目标是实现文化的共生共处，让不同文化在共同理解和尊重的基础上和谐相处，形成相互补充的关系。跨文化交流不仅是信息的传递，更是文化之间的相互学习和尊重，通过这样的交流，不同文化可以共同发展，创造更加丰富多彩的人类文明。

二、汉语言文学在跨文化交流中的挑战与机遇

（一）文化差异与理解

在当今全球化的背景下，跨文化交流变得日益频繁，而汉语言文学作为中国文化的重要组成部分，正逐渐走向世界。然而，在传播到其他文化时，汉语言文学面临着文化差异的挑战，这需要我们克服障碍理解并尊重不同文化的价值观、习惯等，从而促进更顺畅和深入的跨文化交流。文化差异在语言的使用和理解上带来了挑战。每种文化都有其独特的语境和隐含含义，这些对于准确理解汉语言文学作品至关重要。在西方文化中，强调直接和明确的表达，而在东方文化中，则注重含蓄和暗示。因此，翻译和传达汉语文学作品时，需要更深入地理解其中的文化内涵，以避免误解和歧义。这也意味着翻译者和文学传播者需要具备深厚的文化背景知识，以确保作品能够在不同文化中得到正确理解和接受。文化差异在价值观念和审美标准上产生了影响。不同文化对于美的定义、喜好和审美观念存在差异，这直接影响到对汉语文学作品的接受和欣赏。一些西方文化注重个性和独创性，而一些东方文化则更看重传统和共同体意识。在这种情况下，汉语文学作品需要以更开放和包容的态度面向不同文化受众，同时翻译和传达工作也需要考虑到目标文化的价值体系，以促使作品更好地融入当地文学环境。在文化差异中也隐藏着促进跨文化交流的机遇。首先，汉语文学作品具有独特的文化魅力，通过展示中国古代文学的深刻内涵、传统文化的丰富底蕴，能够吸引国外读者的兴趣。通过跨文化交流，中国文学可以为世界各地的读者提供一扇了解中国文化的窗户，激发对中国传统的兴趣和好奇心。其次，文化差异也为汉语文学创作提供了广阔的创作空间。通过吸收和融合不同文化的元素，汉语文学作品能够创造出丰富多彩、具有全球视野的作品。作家可以通过深入研究不同文化的历史、传统和思想，为自己的作品注入新的灵感和内涵，使其更具有国际影响力。为了更好地应对文化差异，我们需要在跨文化交流中建立互信和尊重。通过加强文化教育和交流，提升各方的文化意识，培养跨文化沟通的能力，可以有效地减少文化差异带来的交流障碍。最后，通过建立国际性的文学交流平台，促进作家、翻译家和文学爱好者之间的互动，也能够为文学的跨文化传播创造有利的条件。在跨文化交流的大潮中，汉语文学既面临着挑战，又蕴含着丰富的机遇。通过增进文化理解，提升翻译水平，推动文学创作的创新，我们能够更好地实现汉语文学在全球范围内的传播，为不同文化之间的相互理解和友谊搭建桥梁。

（二）语言表达与沟通

在跨文化交流中，语言表达和沟通是至关重要的方面。每种语言都有其独特的表达方式和修辞手法，而汉语言作为一种复杂而古老的语言，其表达方式与其他语言存在显著的不同。因此，在进行跨文化交流时，我们需要不断适应和调整语言表达，以确保信息能够准确传达，同时也需要认识到这种语言差异所带来的挑战和机遇。汉语言文学在跨文化交流中的挑战主要体现在语法结构、词汇选择和表达习惯方面。中文的语法结构较为灵活，强调上下文的连贯性，而一些西方语言则注重句子的逻辑结构。因此，在表达想法和观点时，需要更加注意语法的准确性，以免产生歧义。此外，不同语言的词汇选择也可能导致表达的差异，同一概念在中文中有多种表达方式，而在其他语言中可能只有一种。在这种情况下，选择合适的词汇显得尤为重要，以确保对方能够准确理解信息。修辞手法在跨文化交流中也是一个重要的考虑因素。汉语言文学注重意境和情感的表达，善于运用比喻、象征和典故，而在其他语言中，更强调直接、简练的表达方式。因此，当进行文学性的表达时，需要注意修辞手法的选择，以避免造成文化上的误解。要考虑到对方文化的特点，有意识地选择适合对方接受范围的修辞方式，增进沟通的效果。这些挑战之中也蕴含着跨文化交流的机遇。通过学习和理解其他语言的表达方式，我们可以丰富自己的语言技能，提高在跨文化环境中的沟通能力。汉语言的独特之处也为我们带来了一些独特的表达方式，有时候这种独特性能够为我们在跨文化交流中赢得更多的关注和理解。汉语言文学的深厚历史和丰富内涵为跨文化交流提供了广阔的文化资源，通过分享中国古代文学作品、传统诗词和故事，我们可以增进他人对中国文化的了解，建立更深层次的文化交流。这也为促进不同文化之间的互相尊重和理解创造了机会。在跨文化交流中，有效的语言表达是建立信任和友谊的基石。因此，我们应该以开放的心态去理解和尊重不同语言文化的特点，努力调整和适应语言表达方式，以实现更加深入和有意义的跨文化交流。通过不断学习和拓展语言技能，我们可以更好地应对语言差异带来的挑战，发掘跨文化交流中的机遇，实现更加广泛、深刻的文化互动。

（三）创新与传统的平衡

在面向国际受众时，汉语言文学面临着一个关键性的问题，即如何在作品中平衡传承传统文化与保持创新性。在文学创作中找到一种独特的平衡点，既能展示中国传统文化的深厚内涵，又能够吸引现代国外读者的兴趣。这一挑战既是一种责任，也是一个机遇，需要作家、翻译者和文学传播者共同努力，以促进汉语文学在跨文化交流中广泛而深入地传播。中国拥有悠久的历史和丰富的文化传统，其中包含了许多经典文学作品、传统诗词和古代典籍。这些作品蕴含着深刻的哲学思考、丰富的情感表达和独特的艺术风格，为汉语文学赢得了世界的尊重和关注。因此，在创作中保持对传统文化的尊重和传承，是汉语文学国际传播的重要一环。随着社会的发展和文化的演变，传统文化的表达方式会在现代受众中引起难以逾越的鸿沟。因此，保持创新性是至关重要的。

创新不仅意味着在主题和情节上进行新的尝试，更包括在语言表达、修辞手法和文学风格上的创新。通过引入当代元素、关注现代社会问题，以及采用新颖的写作技巧，汉语文学能够更好地与现代读者建立情感共鸣，提升作品的吸引力。在面对这一平衡问题时，作家需要审慎选择创新的方向，以确保创新不会丢失传统文化的根基。一种可能的途径是通过融合传统题材和现代元素，创造出富有时代感的作品。这样的文学作品既能引发对传统文化的思考，又能让现代读者感受到与自己生活息息相关的元素，实现传统与现代的有机结合。翻译在这个过程中发挥着至关重要的作用。翻译者需要具备深厚的文学功底和对两种文化的深刻理解，以准确传达原作的文化内涵，同时，翻译者还需要具备一定的创新能力，将传统文学作品翻译成符合现代国外读者口味的版本，以促进作品在国际市场的接受。在跨文化交流中，汉语文学面临着一系列的挑战和机遇。挑战在于如何在文学创作中找到传统与创新的平衡，如何确保传统文化的传承不被时代淘汰。这也是一个机遇，因为通过巧妙地处理传统与现代的关系，汉语文学有机会在国际舞台上展现丰富、多元的文化魅力。通过提升文学创作水平、推动跨文化交流，我们可以更好地实现传统文化在当代国际社会中的传播，为汉语文学赢得更广泛的认同和喜爱。

第三节　汉语言文学与文化的互动关系

一、汉语言文学承载文化传统

汉语言文学作为中国文化的承载者，具有深厚的历史底蕴和丰富的文化内涵。语言的构建、词汇的选择、表达方式以及成语的运用都是文学作品中凸显文化特色的重要元素。汉语言文学与文化之间形成了一种密切的互动关系，通过文学作品，我们能够深刻地理解和感受中国文化的价值观、历史传统以及思维方式。汉语言文学通过词汇的运用承载着丰富的文化内涵。汉语词汇中蕴含着丰富的历史、文化和哲学内涵，每一个词语都与某个历史事件、文学作品或传统习俗紧密相连。汉语中的一些特定词汇，例如，“仁爱”“孝道”

"忠诚"等，反映了儒家思想在中国文化中的深远影响。通过这些词汇的使用，文学作品能够在情感表达和思想传递中传承和展示中国文化的独特之处。表达方式是汉语言文学中另一个重要的文化承载元素。中国文化注重含蓄、委婉、意境的表达方式，这反映在文学作品中的叙述风格、描写手法以及情感表达中。通过对传统文学的学习和继承，现代作家在创作中常常会吸收和借鉴古典文学的表达方式，以传承和弘扬传统文化的审美理念。这种表达方式不仅传递了中国文化的独特魅力，也为国外读者提供了一扇了解中国思维方式的窗口。

成语在汉语言文学中扮演着重要的角色，也是文化传统的重要代表。成语是由历史、文学、哲学故事所派生出的短语，常常包含着深刻的道德教训和智慧。作家在文学作品中灵活运用成语，既能够传达丰富的文化内涵，又能够通过这些成语的共鸣，使作品更具文化共鸣力，例如，"卧薪尝胆""狐假虎威"等成语都是汉语言文学中常见的表达方式，它们既是文学语言的丰富组成部分，同时也承载着中国文化中的智慧和哲学思考。汉语言文学与文化的互动体现在作品中对传统文化元素的继承、发展和创新。作家通过对传统文学经典的深入研究，对历史文化的回顾，将传统文化元素融入当代文学创作中，使其更富有现代感。这种传统与现代的融合，既能够继承传统文化的精髓，又能够适应当代社会的需求，使汉语言文学在国际舞台上更具吸引力。在跨文化交流中，汉语言文学的文化承载作用得到了广泛的认可。通过翻译和国际传播，汉语言文学能够与其他文化相互交融，取长补短，为世界文学的繁荣做出积极贡献。对于国外读者而言，通过阅读汉语言文学作品，他们能够深入了解中国文化的独特之处，促使文化间的相互理解和尊重。要保持这种互动关系，需要不断推动文学创作和文化传承的融合。作家需要在创作中既保持对传统文化的敬畏，又能够敏锐地捕捉当代社会的变化，用现代的表达方式传达传统文化的内涵。文学传播者和翻译家也需要有足够的文化敏感性，精准地传达文学作品中的文化元素，以确保汉语言文学在国际舞台上更好地发挥其文化承载的作用。汉语言文学与文化之间的互动是一种深刻而复杂的关系，是通过语言、词汇、表达方式以及成语等多重元素的共同作用，汉语言文学承载着丰富的文化传统。这一互动关系不仅在国内弘扬传统文化，也在国际推动了文学的多元发展。通过持续努力，我们能够更好地实现文学作品与文化之间的互相映衬和丰富，使之成为推动文化传播和国际交流的纽带。

二、汉语言文学塑造并表达文化

（一）文学作品中的文化表达

汉语言文学作为中国文化的表达媒介，通过对历史、传统、风俗等方面的描绘，为读者呈现了丰富多彩的文化景观。作品中的人物、情节往往承载着深刻的文化寓意，通过其生动的描写，为文化的传承和发展提供了有力的支持。这种文学与文化的互动，不仅深刻地塑造了中国文化的形象，同时也为读者提供了一个窗口，让他们更好地理解、感受和体验中国文化的独特之处。汉语言文学通过对历史的描绘，展示了中国文化的深厚底蕴。许多文学作品以历史为背景，通过生动的语言描写，将读者带入不同的历史时期，让他们身临其境地感受历史的沧桑变迁。这种历史的描绘既反映了中国古代社会的风貌和人文精神，同时也传递了一种对传统文化的敬仰和传承，例如，在《红楼梦》中，通过对清代封建社会的描绘，作者曹雪芹以细腻的笔法展现了中国传统文化中的礼制、家族观念以及人情世故，使作品成为中国古典文学的巅峰之作。传统文化的描绘往往通过作品中的人物来具体呈现。小说、诗歌等文学作品中的人物形象，常常是文化观念的具体化。通过塑造不同性格、命运的人物，作家能够生动地表达出不同的文化理念和价值取向，例如，金庸的武侠小说中，通过不同门派的武林人物塑造，展现了中国武侠文化中的忠孝仁爱、侠义风范等传统价值观。这些人物形象既是文学作品的载体，同时也是中国文化的代表，为传统文化的传承注入了新的活力。作品中的情节往往通过富有文化内涵的描写，呈现出丰富的文化景观。文学作品中的事件、冲突、转折，往往是对社会、道德、伦理等方面的思考和反映。通过这些情节的编织，作家能够在读者心中勾勒出一个丰富多彩的文化画卷，例如，古代诗词中描绘的季节变迁、人生百态，不仅表达了作者对自然、生活的感悟，同时也反映了中国传统文化中的人生哲理和情感体验。

在文学与文化的互动中，汉语言文学既承载着传统文化的精髓，又通过创新和表达，赋予了文化新的内涵。这种互动不仅在传统文学作品中体现，也在现代文学中得到了延续。当代作家通过对传统文化的深入挖掘和重新诠释，创作出一系列具有现代视角的作品，既保持了传统文化的独特魅力，又赋予了文学新的时代意义。在这个过程中，汉语言文学与文化的互动不仅仅是单向的传承，更是一种相互影响、相互渗透的关系。作家通过对文化的表达，塑造出具有文化特色的文学作品，而这些作品又在阅读过程中影响着读者的文化认知和审美观念。这种互动不断地推动着文学和文化的共同发展，使之成为文化传承和创新的重要平台。文学与文化的互动也面临一些挑战。随着社会的变迁和现代化的发展，传统文化在某种程度上面临着淡化和遗忘的风险。在这个背景下，文学作品需要更加巧妙地找到传统文化与现代生活的平衡点，使之既能够传承文化的精髓，又能够贴近当代读者的情感和思考。汉语言文学通过对历史、传统、风俗等方面的描绘，以及对人物和情节的塑造，向读者展示了丰富多彩的文化景观。作品中承载的深刻文化内涵为文化的传承和发展提供了有力的支持。这种文学与文化的互动，既在传统文学中深刻地表现，也在现代文学中得到了延续，为文学的繁荣和文化的传承注入了新的动力。

（二）文学创作中的文化创新

汉语言文学在传承传统文化的同时，以其不断地创新为文化注入新的元素，使作品更贴近当代社会的文化脉搏。这种传承与创新的结合，使汉语文学在不断发展的同时，也在文化的传承中蓬勃生长，展现了独特的魅力。在现代社会、科技进步等方面的关注中，作家通过作品深入挖掘当代文化现象，以文学的力量影响着社会观念和价值体系。汉语文学在承袭传统文化方面展现出卓越的深度。中国传统文化源远流长，其中蕴含了丰富的哲学、道德、宗教等元素。许多经典文学作品通过对传统文化的描绘，以及对古代历史和传统思想的引用，不仅使作品具有深邃的历史感，更是为读者呈现了中国文化的底蕴。汉语文学并非止步于传承，更是在创新中焕发着生命力。现代社会的变革、科技进步等因素对文学创作提出了新的挑战和机遇。作家通过对当代社会、科技、人际关系等话题的敏锐观察，以及对新兴文化现象的关注，积极在作品中体现出当代社会的文化脉搏。他们运用新的表达方式、创新的结构手法，使文学作品更具时代感和现代性。在文学与文化的互动中，汉语文学通过作品对现代社会进行了深刻的反思和表达。作家通过文学的形式，探讨社会现象、人性困境，反映社会的动态变化，从而使文学成为一种深刻的社会批判和思考。这种互动不仅仅是对当代文化现象的记录，更是对文化变革的积极参与。科技进步也为汉语文学创作提供了新的视角和表达方式。

在信息时代，文学作品不再受限于传统的印刷媒体，互联网的兴起使文学创作具有了广泛的传播途径。一些作家通过新媒体、网络平台等方式进行创作和传播，使文学更贴近读者，形成广泛的文化互动。在文学与文化的互动中，汉语文学也通过全球化的视野，积极吸纳和融合外来文化元素。作家们通过对世界文学的学习和借鉴，使作品具有国际化的语境和思考。这种全球视野使汉语文学更具有包容性，为跨文化交流提供了更多可能性。文学与文化的互动也面临一些挑战。在全球化的背景下，文化冲突、价值观的碰撞可能导致文学作品的理解和接受面临一定的困难。因此，作家在文学创作中需要更加敏感地把握文化的脉搏，找到传统与现代、本土与国际之间的平衡点，使作品更具有普适性和国际性。汉语文学既在传承传统文化的过程中展现出卓越的深度，又通过对现代社会、科技进步等话题的创新表达，为文化注入新的元素，使文学作品更贴近当代社会的文化脉搏。这种传承与创新的互动关系，使汉语文学在当代社会中既有着丰富的传统底蕴，又具备了时代的活力，为文学的发展和文化的传承添砖加瓦。

三、汉语言文学对文化认知的促进

汉语言文学作为一种表达思想、情感和价值观的重要方式，通过对社会问题、道德困境等的深刻描绘，引发人们对文化现象的深度反思。这种文学反思不仅在作品中呈现出对社会、人性的关切，同时也在引导人们思考文化的演变和发展。在文学与文化的互动中，汉语文学通过作品的力量激发社会对文化现象的深刻思考，推动文化的进步与变革。汉语言文学通过深刻描绘社会问题，引发人们对社会现象的深度反思。许多作品通过对社会不公、阶层矛盾、道德沦丧等问题的揭示，使读者深刻地感受到社会的种种不足之处，例如，鲁迅的《阿 Q 正传》通过对小人物阿 Q 在社会风云变幻中的遭遇描写，深刻地反映了中国旧时社会的弊端。这种对社会问题的描绘不仅是文学作品的写照，更是对不良社会现象的有力抨击，引导人们反思社会的现状和问题。文学作品通过对道德困境的深入描绘，引发人们对文化价值观念的深刻反思。小说、散文中的人物往往处于道德的抉择和困境之中，他们的人生选择和行为往往是对社会伦理观念的一种挑战，例如，钱钟书的《围城》通过对主人公孙少安在婚姻、职业等方面的道德困境的描绘，引发了对传统伦理观念的质疑，使人们重新审视传统的婚姻观念和职业道德。文学作品通过对道德选择的展现，使读者深刻地思考个体在道德面前的抉择，激发了对文化价值观念的深刻反思。在文学与文化的互动中，汉语文学通过作品对社会问题和道德困境的深刻反思，引导读者更加关注文化的演变和发展。这种反思赋予文学作品深刻的社会使命，使之成为文化变革的推动者。

文学作品不仅是对社会现象的观察和记录，更是对文化观念的冲击和塑造，通过作品中的故事、情节和人物塑造，引导读者对文化进行深刻的思考。在这个过程中，文学作品起到了引导、启发和启示的作用。通过对社会问题和道德困境的描绘，作家通过文学的语言，触及了人们内心深处对文化困惑的敏感神经。读者在品味文学作品的过程中，通过作品中的人物形象和情节，不仅能够对社会进行深刻的认知，更能够对文化现象进行全面的反思。这种文学与文化的互动，使文学作品成为一个独特而有效的文化传播媒介，激发社会对文化演变的关切和思考。在当代社会，科技的迅猛发展也为文学与文化的互动提供了新的平台。互联网的普及使文学作品可以更加广泛地传播，读者可以方便地获取和分享作品。这种新媒体时代的变革使文学更具活力，也促进了文学与文化互动的深入。作家在创作中更容易了解读者的反馈，读者也更容易参与到文学创作和文化讨论中来，使文学与文化的互动更加立体而丰富。文学与文化的互动也面临一些挑战。在信息时代，信息泛滥和碎片化使人们的阅读习惯发生了变化，对于深度阅读和深度思考的需求可能减弱。因此，作家在文学创作中需要更加巧妙地吸引读者的注意力，使其在阅读中产生深刻的思考。同时，文学作品需要更好地适应多元文化、多元价值观的社会背景，使作品更具包容性和普适性。汉语言文学通过对社会问题、道德困境等的深刻描绘，引发人们对文化现象的反思。这种文学反思促使人们更加关注文化的演变和发展，使文学作品成为引导社会思考的重要媒介。在文学与文化的互动中，汉语言文学通过作品激发社会对文化的深刻思考，推动文化的进步与变革，为社会的文化建设注入了强大的力量。

第四节　文化融合与汉语言文学的角色

一、汉语言文学促进文化的融合与传播

（一）小说的传播与文化内涵

汉语言小说在文学传播中发挥着举足轻重的作用。诸如《红楼梦》《三国演义》等经典小说，通过生动的情节、丰富的人物刻画，展现了中国古代社会的风貌和人文精神。这些作品在国内被视为文学巅峰，而通过翻译，它们走向了世界。在国际舞台上，读者通过这些小说不仅了解了中国古代文学的魅力，也深入感知到中国文化的独特内涵。这一文学传播的过程中，汉语言文学不仅在跨文化交流中扮演着桥梁的角色，同时也参与了文化融合的过程，推动了中国文化在世界范围内的传播和认知。汉语言小说通过生动的情节和丰富的人物刻画，深刻地展现了中国古代社会的风貌和人文精神。以《红楼梦》为例，小说通过对贾宝玉、林黛玉等人物的细腻描写，呈现了清代封建社会官宦人家的荣华富贵与沉沦衰落。作品中丰富的文学表达方式，如对典故、成语的灵活运用，使小说不仅成为文学作品，更是中国古代文化的集大成者。这种将文学与文化相融合的方式，使作品具有深刻的文化内涵，引领着读者深入了解中国传统文化。通过翻译，这些经典小说走向了世界，为国外读者提供了深入了解中国文学和文化的途径。经典小说《三国演义》在被翻译成多种语言后，成功地进入了国际文学舞台。翻译不仅是对语言的转换，更是对文化的传递。

在这一过程中，翻译者需要深入理解原著的文化内涵，将其转译成目标语言读者易于理解的形式。通过这样的翻译，国外读者能够感受到中国古代文学的魅力，以及其中蕴含的深刻人生哲理和历史文化底蕴。

在国际舞台上，汉语言小说在跨文化交流中扮演了重要的桥梁角色。文学作品不仅是语言的表达，更是文化的传递者。通过小说，读者能够从中了解中国古代社会的风土人情，感知文化的独特之美。这种跨文化交流有助于不同文明之间的相互理解和尊重，推动了文化的交流和融合。文学作品中的文化元素如典故、成语、传统价值观等也成为跨文化交流的纽带。国外读者通过阅读汉语言小说，不仅了解到故事情节，还能领略到其中蕴含的文化内涵。这些文化元素在跨文化交流中发挥着桥梁的作用，促进了不同文化之间的对话与理解。文学传播的过程中，文化融合是不可避免的一部分。在国外读者接触到汉语言小说的同时，他们也在感受一种新的文化体验。翻译的过程中，翻译者既要忠实于原著的文学风格，又需要考虑目标文化的接受程度。这种双向的文化交流促使文学作品在传播过程中产生新的表达方式和文化形态，形成了一种新的文学风貌。汉语言小说在文学传播中不仅承载着中国古代文学的魅力，也是中国文化在国际传播的重要媒介。通过对情节和人物的生动描写，小说展现了中国古代社会的多样性和丰富性。通过翻译，这些经典小说成功地进入了世界，为国外读者提供了解中国文学和文化的窗口。在国际舞台上，文学作品成为促进跨文化交流的纽带，通过文化融合，为国外读者带来了新的文学体验，丰富了世界的表达形式。汉语言小说在这一过程中既是文化传承的工具，同时也在跨文化交流中发挥了积极的作用，展现了汉语言文学与文化的紧密关系。

（二）诗歌的跨文化传承

中国古代诗歌是中国文学的瑰宝，通过婉约的语言表达，传达了深沉的思想和感情。诸如杜甫、李白的诗篇，不仅在国内广受推崇，也通过翻译成多国语言的方式，成为跨文化传承的媒介。这些诗歌作品在国际上推动了中国文学的传播，为读者提供了一探中国文学精髓的机会。在这一过程中，文化融合与汉语言文学的角色发挥得尤为重要，既让中国古代诗歌在国际传承千年的文学传统，同时也为不同文化的交流提供了独特的途径。中国古代诗歌以其婉约的语言表达和深刻的思想内涵成为中国文学的瑰宝。杜甫、李白等诗人的作品，通过简练而优美的表达方式，展现了丰富的情感和深刻的人生观。这些诗篇以超凡脱俗的艺术表现，描绘了古代社会的风景、人物和情感，成为中国文学的经典之作，例如，李白的《将进酒》通过豪放的文字和豪情万丈的境界，表达了诗人对自由奔放生活的向往，成为中国古典文学的代表之一。这些古代诗歌作品既是语言的精华，也是文化的传承者，承载着中国古代文学的深厚底蕴。通过翻译，中国古代诗歌走向了世界，为国外读者呈现了中国文学的精髓。翻译是文学作品跨越语言和文化的桥梁，使中国古代诗歌在不同国家和文化中得以传播和理解。杜甫、李白的诗作通过被翻译成英语、法语、西班牙语等多种语言，成功地走进了世界文学的殿堂。这种翻译的跨文化传播不仅使中国古代诗歌在国际上广受欢迎，同时也为不同文化之间的相互理解和交流提供了一个重要的平台。

在国际舞台上，中国古代诗歌在跨文化传播中扮演了积极的角色。古代诗歌以其深邃的情感和丰富的意蕴，引起了国外读者的浓厚兴趣。通过阅读这些诗篇，国外读者得以一探中国文学的独特魅力，感受到其中蕴含的深厚文化内涵。这种跨文化传播既促进了中国文学的国际传播，也为世界文学的多元化作出了贡献。文化融合在这一过程中起到了关键的作用。通过翻译，诗歌作品不仅仅是在语言层面上的传递，更是在文化层面上的对话。翻译者需要深入理解原著中的文化内涵，将其转译成目标语言读者易于理解的形式。在这个过程中，诗歌中蕴含的中国传统文化元素如典故、成语、传统价值观等，被巧妙地融入翻译中，为目标文化读者提供了一种与中国古代文学亲近的体验。在跨文化传播的同时，文化融合也为中国古代诗歌注入了新的元素。在国际舞台上，读者通过翻译接触到的不仅仅是文字和意境，还有中国古代文学所承载的文化智慧。这种文化融合使中国古代诗歌在全球范围内产生了更广泛的影响，成为跨文化交流的纽带。在这一过程中，文化融合与汉语言文学的角色得到了突出展现，既传承了中国传统文学的精髓，又为世界文学的多元化作出了积极贡献。这一跨文化传播的过程不仅让古代诗歌在国际上广受欢迎，也促进了不同文化之间的交流与理解，为中国文学在全球的传播奠定了坚实基础。

（三）戏曲的文化表达

1. 独特的文艺形式

中国戏曲作为一种独特的文艺形式，通过音乐、舞蹈、表演等多种元素，生动地展现了中国古代文化的精髓。京剧、昆曲等戏曲形式，通过翻译成多国语言，走向了国际舞台。这不仅使中国戏曲在国际上备受关注，同时也为世界各地的观众带来了一场文化的饕餮盛宴。在这一过程中，文化融合与汉语言文学的角色发挥了关键作用，即将中国戏曲的精华传递到国际，同时也为不同文化的交流提供了独特的方式。中国戏曲以其丰富的表演形式和深刻的文化内涵，成为中国古代文化的代表之一。京剧、昆曲等戏曲形式融合了音乐、舞蹈、戏剧等多种艺术元素，通过面具、服饰、表演等独特的方式，生动地展现了中国古代社会的风貌、人物性格以及价值观念。这些戏曲作品不仅是文学的表达，更是文化的传递者，承载着中国文化的深厚历史和传统。例如，京剧的武打、唱腔和表演技艺，都传承着古老的艺术传统，使观众在欣赏的同时，沉浸于中国古代文化的魅力之中。通过翻译，中国戏曲成功地走向了国际舞台，为世界观众呈现了一场精彩的文化盛宴。京剧、昆曲等戏曲形式在被翻译成英语、法语、德语等多种语言后，成功地进入了国际文艺舞台。翻译者在这一过程中不仅需要准确传递语言信息，更要理解戏曲的文化背景、表演技艺等方面的内涵，以保持原作的艺术魅力。通过这种翻译，中国戏曲得以传播到世界各地，为国际观众带来了与他们传统文化迥异的艺术体验。

2. 跨文化传播

在国际舞台上，中国戏曲在跨文化传播中扮演了桥梁的角色。戏曲作为一种综合性的文艺形式，不仅通过语言传递信息，更通过音乐、舞蹈等多种元素传达文化内涵。观众通过戏曲作品，不仅了解到中国古代社会的风土人情，还能感受到其中蕴含的深厚文化底蕴。这种跨文化传播有助于增进不同文化之间的相互理解和尊重，促进了文化的交流与融合。文化融合在这一过程中发挥了关键的作用。在对戏曲作品进行翻译时，翻译者需要在保持原作文化特色的同时，考虑目标文化观众的接受程度，以达到更好的传播效果。这种文化融合使戏曲在传播过程中既能保持其独特的艺术魅力，又能适应不同文化背景的观众口味，达到更广泛的传播效果。在这个过程中，汉语言文学的角色也得到了充分展现。汉语言文学作为中国文化的代表，在戏曲的翻译和传播中发挥了重要的作用。汉语言文学不仅包含了语言的精髓，更承载着深厚的文化内涵。通过戏曲的翻译，观众不仅能够感受到戏曲的表演艺术，还能够领略到其中蕴含的汉语言文学的独特之美。这一跨文化传播的过程不仅让中国戏曲在国际上备受关注，也促进了不同文化之间的交流与理解，为中国文学在全球的传播奠定了坚实基础。

二、汉语言文学与文化的交汇

人物对话在文学作品中是展现文化冲突的重要表现形式。通过不同文化背景的人物之间的对话，作家能够生动地描绘出文化差异，呈现出语言、价值观、思维方式上的冲突。这种冲突不仅丰富了作品的情节，还促使读者更深入地思考不同文化间的差异，为文化对话提供了独特的切入点。在这一过程中，文化融合与汉语言文学发挥了关键的角色，既传递了文化冲突的张力，又为不同文化间的沟通提供了桥梁。人物对话是文学作品中生动展现文化冲突的一种方式。通过人物之间的言辞交锋和思想碰撞，作家能够巧妙地呈现出文化差异的细微之处。语言的选择、表达方式、使用的隐喻等都能反映出人物所处文化的特点。在一场国际商务会议中，来自不同文化背景的商人因为交流方式、谈判策略等方面的不同而产生摩擦。这样的对话情节既能引发读者的兴趣，又能让他们更深刻地理解文化间的差异。

人物对话的文化冲突丰富了作品的情节，为故事提供了戏剧性的张力。当人物因文化差异而产生分歧时，冲突的发展往往成为推动故事情节的重要动力。这种冲突不仅让作品更加引人入胜，同时也使读者能够在情节中感受到文化对话的紧张和复杂性。通过人物对话的冲突，作家能够深刻地探讨文化差异背后的根本原因，引导读者思考不同文化间的相互理解与尊重。文学作品中的人物对话还能够促使读者更深入地思考不同文化间的差异。当读者通过人物对话感受到文化冲突时，往往会被引导去思考为何人物在交流中产生分歧，背后隐藏着怎样的文化背景和价值观念。这种思考过程不仅能够增强读者的文化敏感性，还有助于拓宽他们的视野，理解多元文化社会中的复杂性。在人物对话的文化冲突中，文化融合发挥了积极的作用。作家通过描绘人物对话，有时候会通过意译、化用等手段来调和文化差异，使故事更贴近目标读者的文化语境。文化融合不仅能够传递文化冲突的张力，还有助于打破语言和文化的壁垒，使作品更具有全球共通性。在这一过程中，汉语言文学的角色显得尤为重要。作为文学的语言载体，汉语言文学通过人物对话的表达方式，传递着中国文化的独特魅力。汉语言文学在文学作品中的运用，不仅能够为读者提供一种与中国文化亲近的体验，还有助于让不同文化的读者更好地理解和感受文学作品中的文化冲突。人物对话中的文化冲突是文学作品中的重要元素，通过这种方式，作家能够生动地展现文化差异，为作品赋予戏剧性的张力。文化融合与汉语言文学在这一过程中发挥了关键的作用，既传递了文化冲突的张力，又为不同文化间的沟通提供了桥梁。这种跨文化的交流与思考丰富了文学作品的内涵，同时也促进了不同文化之间的理解与尊重。

三、汉语言文学促进文化认同

（一）文学作品的文化自省

在文化融合的过程中，汉语言文学通过文学作品进行文化自省，深入挖掘本土文化的深层内涵。作家通过对传统文化、历史传承的思考，以及对当代社会变革的反思，使文学作品更具思想深度。这种文化自省不仅有助于文学作品的创新发展，也为文化的凝聚提供了内在动力。文学作品作为文化的表达工具，通过描绘人物、情节、场景等多个层面，承载着丰富的文化内涵。通过对本土文化的深入挖掘，作家能够在文学作品中呈现出真实和丰富的文化图景。通过对传统节日、仪式、风土人情等的描绘，作品能够反映出当地社会的特色和传统价值观。通过对历史事件、传统故事的重新解读，作品能够传递出对本土文化的深刻理解和审视。文学作品中的文化自省往往包含对传统文化的传承与创新。作家在创作中对传统文化进行思考，既能够传承其中的优秀元素，又能够对其进行创新，使之更好地适应当代社会的需求。通过对古代诗词、经典小说等的引用和再创作，作品既保留了传统文化的独特魅力，又赋予了新的时代内涵。这种传统文化的传承与创新在文学作品中形成了一种有机的结合，为文化的发展提供了源源不断的动力。文学作品的文化自省还表现为对当代社会变革的深刻反思。作家通过文学作品对社会问题、伦理困境等进行探讨，既展现了对时代的敏感性，又为社会变革提供了多元的视角。通过对科技发展、社会结构变化等方面的描绘，作品能够反映出社会变革对个体生活和文化认同的影响。这种反思使文学作品成为社会的智慧之声，通过文化的自省来引导人们更好地面对时代的变化。在文学作品中，汉语言文学扮演了关键的角色。汉语言文学不仅是文学作品的表达工具，更是传递文化的媒介。通过对汉语言的巧妙运用，作家能够更准确、深刻地表达文化的内涵，同时，汉语言文学也包含了丰富的文学传统，如古典诗歌、古文学等，为作家提供了丰富的文学资源，促使其更好地进行文化自省。文化融合与汉语言文学在这一过程中相互交织。通过文化融合，作家能够将不同文化元素融入汉语文学中，形成新的文学风格和表达方式。这种融合不仅为汉语文学注入了新的活力，也为不同文化之间的相互理解和尊重提供了更多的可能性。文化融合使文学作品更具有全球性，能够被更广泛的读者群体理解和接受。汉语言文学通过文学作品进行文化自省，深入挖掘本土文化的深层内涵。这种自省不仅使文学作品更具思想深度，也为文化的凝聚提供了内在动力。通过文学作品，人们能够更好地理解、感知和传承本土文化，促进文化的传播与发展。文化融合与汉语言文学的角色在这一过程中得到了明显的体现，为文学作品赋予了更广泛的影响力，也为不同文化的交流提供了丰富的表达方式。

（二）强调文化认同的文学创作

在全球化的浪潮中，强调文化认同成为维护本土文化特色的一种方式。汉语言文学通过强调文化认同，表达对本土文化的珍视和传承。作家通过作品中的人物、情节、对话等元素，将中国文化的独特之处展现给读者，强调文化认同的文学创作成为塑造本土文化形象的有效手段。强调文化认同在汉语言文学中体现为对传统文化的深刻挖掘和传承。作家通过对古代经典、传统故事、历史事件的重新诠释，使这些文化元素在当代文学作品中焕发新的生命。通过对古代诗歌的引用和再创作，作家既传承了中国传统文学的瑰宝，又在现代语境中注入了新的内涵。这种对传统文化的传承强调了文学作品与本土文化的紧密关联，为读者呈现了一个丰富多彩、传统与现代相融合的文学图景。强调文化认同在汉语言文学中体现为对当代社会文化的深刻观照。作家通过对社会现象、人际关系、生活方式等方面的描绘，展现了中国当代文化的独特魅力。通过对城市化进程中的人际关系和身份认同的探讨，作品能够反映出当代社会文化的变迁和多元化。这种对当代社会文化的关照强调了文学作品对本土文化的敏感性，使其成为社会变革的记录者和反思者。

强调文化认同的文学创作还体现在作品中的人物刻画和对话表达上。通过塑造具有本土文化特色的人物形象，作家能够在文学作品中呈现出丰富的文化元素。这些人物承载着传统价值观念，也可能面对着当代社会的文化挑战。通过人物对话的方式，作家能够生动地展现文化认同的碰撞和交流，使读者更深刻地感受到本土文化在全球化背景下的存在和价值。文学作品中强调文化认同的表达，使汉语言文学在全球文学舞台上独具特色。这种表达不仅让国外读者更好地了解中国文化，也为中国文学在国际上树立了独特的形象。通过对中国文化的深刻反思和表达，汉语言文学成为弘扬本土文化、促进文化多样性的重要力量。在文化融合与汉语言文学的角色中，强调文化认同是促使不同文化更好地交流与理解的桥梁。通过强调文化认同，作家能够在文学作品中传递出对本土文化的热爱和自信，与其他文化进行对话。文化融合则通过将不同文化元素融入作品中，创造出更具包容性和开放性的文学作品，使其更易被国外读者理解和接受。汉语言文学通过强调文化认同，通过文学作品展现对本土文化的珍视和传承。这种文学创作方式不仅使作品更具深度和思想性，也为本土文化在全球化背景下的传播提供了有效途径。文化融合与汉语言文学的角色在这一过程中相辅相成，为不同文化间的交流与理解搭建了桥梁，促进了文学的多元发展。

第二章　汉语言文学与文化融合的表现形式

第一节　汉语言文学中的文化符号的运用

一、汉语言文学中文化符号的内涵

汉语言文学中的文化符号是一种具有深刻文化内涵的符号系统。这些符号通过语言和文学作品，以独特的方式表达和传递着丰富的文化观念、历史、价值观等信息。这一体系的文化符号不仅反映了汉族文化的独特性，更在深层次上影响着中国人的思维方式、行为规范以及社会结构。汉语言文学作为一种载体，承载着历史的记忆、文化的积淀和社会的沉淀。文字和语言构成了这个符号系统的基础，通过古代经典、诗歌、小说等文学形式，人们能够感受到文化符号的丰富内涵。诸如《红楼梦》《论语》《诗经》等经典作品中蕴含的文化符号，成为代代相传的文化传承的重要组成部分。这些文化符号不仅仅是语言和文字的象征，更是一种精神的传承。它们承载着汉族文化的智慧、情感和信仰，反映了历史的起伏和社会的演变。通过阅读和理解这些文学作品，人们能够更深刻地认识到自己所处文化的根基，并在传统与现代的交融中找到文化认同感。这种文化符号的影响不仅限于文学领域，还渗透到日常生活的方方面面。在语言交流中，人们常常借助成语、俗语等文化符号表达情感、理念或教训。这种使用方式使文化符号成为沟通的桥梁，加深了人们之间的情感纽带。汉语言文学中的文化符号是一种丰富而深刻的表达形式，不仅是文化传承的工具，更是塑造和影响中国人思维方式、行为规范以及社会结构的重要因素。通过深入理解和挖掘这些符号，我们能够更全面地把握汉族文化的内涵，从而推动文化的传承与创新。

二、汉语言文学中的传统文化符号

汉语言文学是中国文学的精髓，其创作中充分运用了丰富的传统文化符号。这些符号既包括传统文学作品中的典故、成语，也包括古代文学经典中的人物、事件等元素。通过巧妙地运用这些符号，汉语言文学在表达深刻思想和情感的同时，传递着丰富的文化内涵。

（一）典故的嵌入

在汉语言文学中，经典典故的嵌入是一种常见而重要的文化符号运用方式。这种手法通过引用经典文献、历史事件或古代传说，为文学作品注入深厚的文化内涵，丰富了作品的意境和情感表达。其中，《红楼梦》作为一部经典之作，巧妙地运用了《左传》《史记》等古籍典故，为小说增色不少，使其更具厚重感。

《红楼梦》通过对《左传》的引用，塑造了一系列充满智慧和哲理的对话和描写。经典典故的嵌入不仅为小说注入了传统文化的精髓，同时也为读者提供了深刻的思考空间，例如，通过对《左传》中的历史典故的灵活运用，小说中的人物形象更富有深度，情节更显得生动且引人入胜。《红楼梦》中的经典典故还涉及《史记》等古代文献。这种引用不仅让小说情节更具历史感，也使人物的言行更具深刻内涵。通过对《史记》中英雄豪杰的描写，小说中的人物个性得以更加丰富地展现，情节也因此更加引人入胜。经典典故的嵌入不仅体现在对文学经典的引用上，还包括对历史事件和古代传说的巧妙运用。这些典故不仅为小说赋予了深远的文化内涵，同时也为读者提供了对传统文化的回味和思考。通过将经典典故融入小说情节，作家既展示了对传统文学的尊崇，又为文学作品注入了新的时代内涵，使其更具现代审美价值。《红楼梦》中经典典故的嵌入是一种高度艺术的文化符号运用方式。通过对《左传》《史记》等经典文献的引用，小说不仅在情节上更为丰富多彩，更在文学层面上增添了深厚的文化内涵。这种手法不仅体现了作家对传统文学的尊崇，也为读者提供了对传统文化的思索与感悟。在汉语言文学中，经典典故的嵌入是一种不可或缺的文化符号运用方式，为作品注入了永恒的艺术魅力。

（二）成语的巧妙运用

在汉语言文学中，成语的巧妙运用是一种独特而丰富的表达方式，它能够为作品赋予深厚的文化内涵，同时在情节推进和人物描写中发挥着独特的作用。以金庸先生的武侠小说为例，他巧妙地运用词语，如“鹰击长空”等，使作品更具中国传统文学的特色，以下将详细探讨成语在文学作品中的巧妙运用。

成语在情节推进中的运用能够为作品增色不少。通过将成语融入情节，作家能够在有限的语言表达中传递更为丰富的信息。成语的巧妙运用能够更生动地描绘人物性格。每个成语都蕴含着深刻的文化内涵，通过选用合适的成语来描写人物，不仅可以简洁明了地传递信息，还能够为人物赋予鲜明的个性。在金庸先生的作品中，通过运用成语如“鹰击长空”，形象地描绘了某个武林高手的轻灵和高远，使读者更容易构建出这个角色的形象和性格特点。成语的运用也能够在作品中创造出深邃的文学意境。通过巧妙组合成语，作家可以构建出富有韵味的语言，为作品赋予深厚的文学底蕴。在武侠小说中，成语的运用不仅在言语上呈现出武林风采，更在意境上传递出侠者之气，使整个作品更加丰富多彩。成语的巧妙运用为汉语言文学作品注入了丰富的文化符号。在金庸先生的武侠小说中，这种运用更是成为作品独特魅力的一部分。通过对成语的嵌入，作家既展现了对传统文学的尊崇，又为文学作品注入了新的时代内涵，使其更具现代审美价值。在汉语言文学中，成语的巧妙运用是一种富有创意和深度的文化符号运用方式，为作品增色不少。

三、汉语言文学中的红色文化符号

随着时代的发展，中国社会发生了翻天覆地的变化，而汉语言文学也在变革中吸纳了新的文化符号。其中，红色文化符号作为中国革命历史的象征，在汉语言文学中得到了广泛运用。作品如《红岩》《火花》等通过描绘红军战士的英勇事迹，巧妙地融入红色文化符号，使之成为感人至深的文学符号。红色文化符号在《红岩》等作品中得到生动展现。这些作品通过深入描绘红军战士的艰苦奋斗、英勇抗争，将红色文化符号融入小说情节中。红军的英勇事迹不仅为小说赋予了感人至深的情感，也使其成为中国革命历史的生动写照。通过对红军精神的表现，这些作品成功地将红色文化符号融入现实主义的文学创作中，形成了强烈的社会意义。古典文学的回溯也是汉语言文学中的重要文化符号运用。许多现代作家通过对古代文学作品的重新阐释和创新，使之融入当代文学创作，展现出新的文学风貌。通过对古典文学的重新解读，作家在当代文学中注入了新的思想和审美观念，形成了丰富多彩的文学体裁。红色文化符号和古典文学的回溯是汉语言文学中引人注目的文化符号运用方式。这种方式不仅为文学作品赋予了深刻的文化内涵，也为读者提供了对传统文化的回顾和思考。通过将红色文化符号和古典文学巧妙融入现代文学创作中，作家既延续了传统文学的魅力，又为文学注入了新的时代气息，丰富了汉语言文学的文化底蕴。在这一过程中，文学作品不仅是对历史的回顾，也是对未来的启示，为文学的发展开辟了新的可能性。汉语言文学中文化符号的运用是一项富有创意和深刻内涵的工程。通过传统文化符号的传承与创新，以及对红色文化的回顾与发展，汉语言文学在丰富多彩中展现了中国文化的博大精深。这种文化符号的运用不仅为文学作品增色添彩，更为读者提供了深入了解中国传统文化与当代社会的桥梁。

第二节 汉语言文学中的文化主题与情感表达

一、汉语言文学中的文化主题

（一）古典文化的传承与发展

在汉语言文学中，古典文化主题扮演着重要角色。作家们通过对经典文学作品、历史传说的再现和创新，传承着中国传统文化的精髓，例如，苏轼的《水调歌头》中对岳飞、文天祥等历史人物的赞颂，体现了对传统忠义精神的弘扬。这种传承和发展，不仅丰富了汉语言文学的内涵，也深化了读者对中国传统文化的理解。古典文化主题在汉语言文学中扮演着重要的角色，它是中国文学的灵魂和根基。作家通过对古代经典文学作品和历史传说的再现和创新，将古典文化融入现代文学创作中，为读者呈现出丰富多彩的文学景观。苏轼的《水调歌头》是中国古典文学中的经典之作，其中对岳飞、文天祥等历史人物的赞颂体现了对传统忠义精神的弘扬。通过描绘这些历史人物的形象和事迹，苏轼传达了对忠义、正义的崇高追求，展现了中国传统文化中的价值观和精神风貌。除了对历史人物的赞颂，汉语言文学中还通过对经典文学作品的再现和创新，传承着古代文学的精髓。许多作家通过对《红楼梦》《西游记》等经典作品的重新阐释和创作，为读者呈现出富有现代感的古典文学作品，使古代文学焕发出新的生机和活力。这种传承和发展不仅丰富了汉语言文学的内涵，也深化了读者对中国传统文化的理解。通过阅读古典文化主题的作品，读者不仅能够感受到传统文化的魅力和深厚底蕴，也能够从中汲取智慧和力量，为自己的人生道路指引方向。古典文化主题在汉语言文学中具有重要的地位和作用。作家通过对经典文学作品和历史传说的传承与创新，为文学创作注入了源源不断的文化能量，使汉语言文学在传统文化的基础上焕发出新的生机和活力。

（二）现代生活的变迁与挑战

随着社会的发展，汉语言文学中也反映了现代生活的变迁与挑战。作家通过对城市化、科技进步等现代社会现象的描写，探讨了个体在现代社会中的生存状态和心理变化，例如，鲁迅的《阿Q正传》通过对阿Q个体命运的描写，反映了封建社会向现代社会的转型中，个体面临的身份认同和价值观念的挑战。《阿Q正传》是鲁迅的代表作之一，通过对主人公阿Q的描写，展现了中国社会由封建向现代转型时期的社会动荡和人心不安。阿Q是一个典型的社会边缘人物，他身处封建社会的底层，面对着社会等级和权势的压迫。在这样的社会环境下，阿Q试图通过自我认同和尊严的维护来应对现实的压力。随着时代的变迁，封建社会逐渐被现代社会所取代，阿Q所依赖的价值观和生存方式也面临着崩溃。他在现代社会中逐渐失去了自我认同，陷入了身份认同的迷茫和困惑之中。他试图通过各种方式来寻求自我价值的认可，但最终却陷入了无尽的循环和自我欺骗之中。《阿Q正传》通过对阿Q这一个体命运的描写，反映了中国社会在现代化进程中所面临的身份认同和价值观念的挑战。作品揭示了个体在社会变革中的无助和迷茫，以及封建道德观念与现代社会的冲突，同时，作品也呼吁人们在社会转型过程中保持清醒的头脑，不断反思和探索自己的生存状态和价值观念，以应对现代社会所带来的挑战和困境。汉语言文学中反映现代生活变迁与挑战的作品，通过对个体命运的描写，探讨了现代社会中个体的身份认同和价值观念的困境和挑战。这些作品引发了人们对现代社会发展方向和个体生存状态的深刻思考，为我们提供了重要的文化反思和启示。

（三）传统与现代价值观的冲突与融合

在汉语言文学中，传统与现代价值观的冲突与融合是一个重要的文化主题。作家通过对个体生活和社会变革的描写，反映了传统文化观念与现代社会价值观的碰撞与交流，例如，钱钟书的《围城》通过对城市生活中的人际关系和价值观念的描写，展现了传统礼教与现代理性之间的冲突，以及个体在其中的挣扎与思考。《围城》是中国现代文学的经典之作，通过对20世纪中国城市知识分子的生活和心理状态的描写，展现了传统文化与现代社会之间的冲突与融合。小说中的主人公方鸿渐作为一个知识分子，在传统礼教和现代理性之间摇摆不定，陷入了“围城”般的困境之中。在小说中，传统与现代的冲突体现在多个方面。首先是在婚姻观念上，方鸿渐身处的社会仍然受到传统的包办婚姻观念的影响，但他内心却更倾向于现代自由恋爱的观念。其次是在家庭观念上，方鸿渐的父亲代表了传统的家长权威，而他的姐姐和弟弟则代表了现代青年一代的个人主义和自由意志。这种传统与现代观念的冲突在方鸿渐的家庭中不断发生，使他感到困惑和无奈。最后，小说中描写了方鸿渐在城市中的社交生活，他与各种不同价值观念的人们交往，也暴露了传统与现代观念在社会生活中的碰撞。在这种碰撞中，方鸿渐不断思考自己的处境和选择，试图找到一条适合自己的生存之路。通过《围城》的故事情节和人物塑造，钱钟书生动地展现了传统与现代价值观念之间的冲突与融合。

二、汉语言文学中的文化情感表达

（一）对故乡的眷恋

在汉语言文学中，故乡情感一直是一颗璀璨的明珠，它如同江水般悠悠流淌在文学的脉络中，渗透着作家深沉的思考和真挚的情感。通过对故乡风土人情、乡愁往事的描写，作家传递出对故土的眷恋和对故乡文化的热爱，使这一情感在文学中占有重要地位。在中国文学的长河中，许多作家通过对故乡的描写，将自己的思想与情感深深融入其中。这种融入并非简单的地域性描写，更是对故土的一种情感表达。在中国古代文学中，以唐婉的《归园田居》为例，她通过描绘田园风光、乡村生活，表达了对故乡的眷恋之情。她用“江南可采莲，莲叶何田田”描绘出了家乡的美好风光，通过对土地、花草的生动描绘，表达了对故土的深深眷恋。这种对故乡的热爱贯穿整篇文章，使读者在阅读中感受到一种亲切而温馨的情感。在现代汉语言文学中，钱钟书的《围城》也是一部通过对故乡的描写，表达文化情感的杰作。小说中以围城的小镇为背景，通过对小镇风物人情的描写，呈现出一种深沉的故乡情感。小说中的人物虽然身处现代都市，但他们内心深处却始终怀念着故土，对传统文化怀有浓厚的情感。通过对小镇风土人情的刻画，钱钟书表达了对故乡文化的热爱和对传统价值的思考，使作品在情感的层面上更加丰富和深刻。在中国文学中，文化情感的表达不仅仅局限于对故土的眷恋，更包括对传统文化的热爱与传承。这种情感通过对文学作品中的文化符号、传统礼仪、习俗等方面的描写，得以淋漓尽致地展现，例如，莫言的《红高粱家族》中，通过对中国农村文化的描写，展现了对传统农耕文化的热爱。小说中的场景、人物行为，都蕴含着对传统文化的深刻理解与情感表达。这种文化情感的传递，使作品不仅仅是一部小说，更是对中国传统文化的一次深刻反思与表达。

文学作为一种艺术表达方式，通过对故乡情感的描写，传递出了作家内心深处对家园的热切眷恋。在中国文学中，这种情感表达常常通过丰富多彩的语言和形式展现出来。其中，汉语言文学在文化情感的表达方面具有独特的魅力。汉语是一种表意丰富、富有音韵美感的语言，作家通过对汉语言的运用，使文学作品中的情感更加生动丰富。在散文中，作家往往借助汉语言的优美表达，将对故乡的感悟与情感融入文字之中，例如，在朱自清的《背影》中，通过对父亲的背影的描写，表达了对故乡、对家庭的深深眷恋。他运用了汉语言中丰富的修辞手法，如比喻、拟人等，使作品更具表现力，引起读者更深层次的共鸣。在诗歌中，汉语言的音韵之美更是为表达文化情感提供了强大的力量。在唐代诗人王之涣的《登鹳雀楼》中，通过对大好河山的赞美，表达了对故土的深深眷恋。诗中运用了丰富的修辞手法，如夸张、拟人等，使诗歌充满了音韵之美，使读者在品味文字的同时，也感受到了诗人对故乡的热切情感。故乡情感在中国文学中占有重要地位，作家通过对故乡风土人情、乡愁往事的描写，表达了对故土的眷恋和对故乡文化的热爱。文学作品中融入的文化情感，既是对故乡的情感表达，也是对传统文化的传承与弘扬。汉语言文学通过其独特的表达方式，使这些情感在作品中得以淋漓尽致地展现，为读者呈现出一幅幅鲜活而丰富的文化画卷。

（二）对传统文化的敬仰与追忆

在汉语言文学中，对传统文化的敬仰与追忆是一种常见而深刻的情感表达。作家通过对古代文化的描写和赞颂，展现了对传统文化的热爱与追忆之情，这种表达不仅丰富了文学作品的内涵，也传递了对历史、文化的尊重和珍视。在汉语言文学中，作家们常常通过对经典文学、历史人物、传统习俗等的描述来表达对传统文化的敬仰与追忆。诗歌是表达对传统文化敬仰与追忆的重要形式之一。诗人们通过诗歌描绘古代壮丽的景观、颂扬历史人物的伟业，表达了对传统文化的崇敬和思念，例如，杜甫的《登高》中写道：“前不见古人，后不见来者。念天地之悠悠，独怆然而涕下。”这些诗句表达了诗人对古代先贤的景仰之情，反映了对传统文化的深切追忆。散文和小说也是表达对传统文化敬仰与追忆的重要载体。作家通过对古代文学作品、历史人物的描写和赞颂，展现了对传统文化的热爱和追忆之情，例如，鲁迅在《中国小说史略》中对中国古代小说的赞颂，展现了他对传统文学的敬仰与追忆。他通过对古代小说家的评价和对古代小说艺术的分析，表达了对传统文学的崇敬和热爱。戏曲艺术也是表达对传统文化敬仰与追忆的重要形式之一。戏曲作为中国传统文化的重要组成部分，承载着丰富的历史文化内涵。许多戏曲作品都是根据古代历史故事、传说传统改编而成，通过舞台表演将古代文化再现，激发人们对传统文化的敬仰和热爱。汉语言文学中对传统文化的敬仰与追忆通过各种形式得到了充分的表达。作家通过对古代文化的描写和赞颂，传递了对历史、文化的尊重和珍视，使传统文化得以传承和弘扬。

第三节　汉语言文学中的语言与文化融合表现

一、汉语言文学中的古典韵味与文化气息

（一）汉语言文学中古典语言的运用

在汉语言文学中，对古典汉语的运用是一种常见的现象，这包括了古体诗、古文等形式。这种古典语言的运用不仅赋予了作品古韵雅致的气息，也体现了对传统文化的尊崇与继承，同时，它也是语言与文化融合的一个重要方面。古典汉语是汉语言文化的重要组成部分，它既有着悠久的历史，又蕴含了丰富的文化内涵。在文学作品中运用古典汉语，常常能够营造出一种古朴典雅的氛围，让读者仿佛置身于古代的文化长廊之中。唐诗宋词中的古典汉语运用，让人感受到了中国古代文人墨客的情怀和雅趣，体味到了千年文化的魅力。除了诗词歌赋，古典汉语在古典文学作品中也得到了广泛的运用。古文篇章中的古典汉语语言风格，更多地展现了中国古代文人的思想观念、道德情怀以及文化传统，例如，《论语》《庄子》等经典著作中所运用的古典汉语，不仅表达了作者深邃的思想，也反映了当时社会的风貌和文化底蕴。在当代汉语言文学中，对古典汉语的运用也并非少见。一些作家通过模仿古人的写作风格，运用古典汉语来创作现代小说、散文等文学形式，以此表达对传统文化的尊崇与继承，例如，贾平凹的《废都》、叶石榴的《温故》等作品，都运用了古典汉语来表现出对中国传统文化的敬重和追忆。通过对古典汉语的运用，汉语言文学实现了语言与文化的融合。古典汉语不仅是一种语言形式，更是中国传统文化的载体和体现。作家通过运用古典汉语，不仅让作品具有了古代文人的风韵和气质，也传承了中国传统文化的精髓和智慧。古典汉语的运用有助于丰富汉语言文学的表现形式。在现代文学作品中，古典汉语的运用往往能够赋予作品一种独特的历史感和文化厚重感，增加了作品的艺术魅力和审美价值，同时，它也为作家提供了更广阔的创作空间和表现手段，使他们能够更好地表达自己的情感和思想。古典汉语在汉语言文学中的运用是一种重要的文化现象，它不仅丰富了文学作品的语言表达，也传承了中国传统文化的精髓。通过对古典汉语的运用，汉语言文学实现了语言与文化的融合，为作品赋予了深刻的历史感和文化底蕴，也为读者呈现了一幅幅充满魅力的文学画卷。

（二）赋予作品古韵雅致的气息

作家和诗人通过运用古典语言，将自己的思想与情感融入其中，使作品充满了文化的厚重感和历史的底蕴。古体诗以其简练、含蓄的表达方式，将人们带入千年前的诗意境界，赋予作品独特的古风韵味，而古文则以其丰富的文辞和优美的句式，为文学作品增添了一种典雅与端庄的气质。古典语言在汉语言文学中具有重要的地位，它是中国文化的精髓所在，是历史与传统的载体。作家和诗人通过运用古典语言，不仅让作品充满了古代文人的情怀和雅趣，也使作品具有了更深层次的文化内涵和历史感。古体诗是中国文学的瑰宝，它以其简洁、含蓄的表达方式，成为中国文学的代表形式之一。古体诗的语言优美而精练，常常通过精练的文字表达出丰富的情感和深刻的思想，例如，李白的《静夜思》中“床前明月光，疑是地上霜，举头望明月，低头思故乡”，通过简洁的文字勾勒出了诗人对故乡的思念之情，让人们感受到了千年前诗人的心境和情感。古文则以其丰富的文辞和优美的句式为文学作品增添了一种典雅与端庄的气质。古文不仅在散文中广泛运用，在古代的历史文献、经典著作中也有着重要的地位，例如，《论语》《庄子》等古代经典著作就是以古文形式呈现的，它们通过丰富的句式和深刻的思想，成为中国古代文化的代表之一。在当代汉语言文学中，作家和诗人对古典语言的运用并不局限于古体诗和古文，还包括了对古代典籍和经典名著的引用和借鉴。通过运用古典语言，他们不仅赋予了作品古风古韵的气息，也传承了中国传统文化的精髓和智慧。作家和诗人通过运用古典语言，将自己的思想与情感融入其中，使作品充满了文化的厚重感和历史的底蕴。古体诗以其简练、含蓄的表达方式，赋予作品独特的古风韵味；而古文则以其丰富的文辞和优美的句式，为文学作品增添了一种典雅与端庄的气质。这种语言与文化的融合不仅丰富了汉语言文学的表现形式，也传承了中国传统文化的精髓和智慧。

（三）体现对传统文化的尊崇与继承

通过运用古典语言，作家和诗人不仅表达了对传统文化的敬仰与追思，更深层次地体现了对传统文化的尊崇与继承。古典语言作为传统文化的载体，承载着历史的沉淀和文化的积淀，作家通过对其的运用，传承了先贤的智慧和情感，使文学作品具有了更深厚的文化内涵和情感共鸣。古典语言在汉语言文学中扮演着重要的角色，它包括古体诗、古文等形式，是中国传统文化的精髓所在。作家和诗人通过运用古典语言，不仅是为了表达自己的情感与思想，更是为了传承和弘扬传统文化的价值观和精神内涵。在古典诗歌中，古体诗是一种独特而精致的艺术形式。通过古体诗，作家和诗人可以将自己的情感与对传统文化的敬仰融入其中，例如，唐代诗人杜甫在《登高》中写道："浮云游子意，落日故人情。"这两句简洁而深沉的诗句，不仅表达了诗人对旅途中的感慨和思念，更体现了对历史与传统文化的回望和敬仰。古文也是汉语言文学中的重要形式之一，通过对古文的运用，作家传达了丰富和深刻的文化内涵。古文的语言优美而端庄，常常被用来表达对传统文化的尊崇与继承，例如，明代文学家文天祥的《正气歌》中写道："天生我材必有用，千金散尽还复来。"这两句话虽然简洁，却表达了对正义和忠诚的赞颂，体现了传统文化中的价值观念和精神追求。通过运用古典语言，作家和诗人将自己的思想与情感融入其中，使作品充满了文化的厚重感和历史的底蕴。古典语言不仅是一种表达工具，更是一种文化传承的载体。作家通过对古典语言的运用，传承了先贤的智慧和情感，为文学作品赋予了更深厚的文化内涵和情感共鸣。在当代社会，尽管古典语言已经逐渐淡出日常生活，但作家和诗人对其仍心存敬畏与追求。他们通过对古典语言的运用，延续了传统文化的血脉，传达了对传统文化的尊崇与继承。这种对传统文化的敬仰与追思，不仅是对历史的致敬，更是对传统文化精神的传承与发扬。

二、汉语言文学作品中的现实文化反映与批判

在汉语言文学中，作家经常通过对当代社会文化现象的反映和批判，展现了语言与文化的融合。他们通过对社会现实的观察和思考，将文化问题融入文学作品中，呈现出对当代文化现状的关注与思考。这种对文化的反思和批判，不仅展现了作家的文化自觉和责任感，也促进了社会文化的进步和发展。在当代社会，文化现象的多样性和复杂性使文学作品成为一个反映社会文化的重要载体。作家通过对社会各个层面的观察和思考，以及对个体生活和情感的深入剖析，将文化问题巧妙地融入文学作品中，从而展现了对当代文化现状的关注与思考。余华的小说《活着》就深刻地反映了中国社会文化在20世纪的巨大变革。通过对主人公的生活经历和命运轨迹的描写，余华展现了中国社会在政治、经济和文化等方面的剧烈变化，以及这些变化对普通人生活的影响。小说中的人物形象和情节设置，反映了社会文化现象的多样性和复杂性，引发了人们对社会发展和文化变迁的深刻思考。莫言的小说《红高粱家族》，通过对中国农村文化的描写，展现了中国社会在农村地区的文化传统和现代化进程。小说中丰富多彩的人物形象和生动鲜明的场景描写，生动地展现了中国农村社会的文化面貌和社会风情，同时也反映了现代化进程对农村文化传统的冲击和影响。作家的文学作品不仅反映了当代社会文化现象的多样性和复杂性，也承载了对文化问题的深刻反思和批判。他们通过文学作品呈现出的对社会文化现象的观察和思

考，展现了作家的文化自觉和责任感，促进了社会文化的进步和发展。汉语言文学通过对当代社会文化现象的反映和批判，体现了语言与文化的融合。作家以文学作品为载体，表达了对当代文化现状的关注与思考，展现了文化自觉和责任感，促进了社会文化的进步和发展。

第四节　汉语言文学与其他艺术形式的融合模式

一、汉语言文学与音乐的融合

（一）歌词的文学性与音乐的情感表达

汉语言文学与音乐的融合是一种迷人而独特的艺术形式，通过歌词的文学性和音乐的情感表达实现。在这种融合中，歌词不仅是简单的歌唱形式，而是包含了丰富的文学内涵，通过文字的精妙运用表达了各种情感和思想。当歌词与音乐相结合时，音乐的旋律和节奏可以更好地诠释歌词所表达的情感和内涵，使作品在听觉和情感上都能够带给人丰富的体验。在汉语言文学中，歌词常常是诗意和抒情的结合，具有深刻的文学内涵。优秀的歌词往往能够通过简洁而生动的语言，表达出丰富的情感和思想。在汉语言文学的经典作品中，也常常可以看到具有歌词性质的诗歌，它们以简练而抒情的语言，表达了丰富的情感和思想，例如，唐代诗人李白的《静夜思》，通过对夜晚的寂静和思念的表达，展现了诗人内心深处的孤独和哀愁，具有强烈的抒情色彩。当歌词与音乐相结合时，音乐的旋律和节奏可以更好地诠释歌词所表达的情感和内涵。音乐的旋律和节奏可以通过变化和情感的起伏，使歌词所表达的情感更加丰富和生动。当歌词表达悲伤或欢乐时，音乐的旋律和节奏可以相应地加强或放缓，从而使听者更加深入地感受到歌词所表达的情感。在汉语言文学与音乐的融合中，歌词和音乐相辅相成，共同呈现出一幅幅丰富多彩的文学画面。通过对情感和思想的表达，使得作品在听觉和情感上都能够带给人丰富的体验。这种融合不仅丰富了汉语言文学的表现形式，也为听众提供了一种独特而美妙的文学享受。

（二）音乐作品中的叙事与情感共鸣

在音乐作品中，汉语言文学与音乐的融合不仅仅体现在叙事与情感共鸣上，还涉及音乐和歌词的配合、表达方式的多样性等方面。这种融合不仅使音乐作品更具表现力和感染力，也丰富了汉语言文学的表现形式。音乐作品通过音乐的旋律和节奏，配合歌词中的叙事情节，将故事情节生动地呈现在听众面前。音乐的旋律和节奏往往能够为歌词中的情节赋予更加生动的画面感。一首歌曲通过音乐的起伏和变化，配合歌词中的情节转折和高潮部分，使整个故事在听众心中形成生动而震撼的场景。这种叙事方式不仅增强了听众对故事情节的感知，也使音乐作品更加具有戏剧性和视听性。优秀的歌词能够触发听众内心深处的情感共鸣，使音乐作品更具感染力和表现力。歌词往往通过生动而抒情的语言，表达出各种情感和思想，引发听众的共鸣和情感共振。一首歌曲通过歌词中的真挚情感和深刻思考，触动听众的内心，使他们产生共鸣和感动。这种情感共鸣不仅使听众更加投入到音乐作品中，也加深了他们对歌词中所表达的情感和主题的理解。汉语言文学与音乐的融合还体现在歌词的表达方式的多样性上。优秀的歌词往往能够通过丰富多彩的表达方式，包括比喻、拟人、象征等手法，使歌词更具诗意和文学性。这种表达方式的多样性不仅使歌词更具有艺术性和审美感，也为音乐作品增添了一种独特的魅力和韵味。汉语言文学与音乐的融合在音乐作品中体现在叙事与情感共鸣、表达方式的多样性等方面。这种融合不仅丰富了音乐作品的表现形式，也为听众提供了一种独特而美妙的文学享受。

（三）音乐风格与文学题材的契合

在汉语言文学与音乐的融合中，音乐的风格与文学题材的相互契合常常构建了作品的氛围和情感表达，为作品赋予了不同的情感色彩和表现形式，使作品更加丰富多彩。抒情歌曲是与爱情、离别等文学题材相契合的典型例子。抒情歌曲的音乐风格通常温柔悠扬，旋律流畅，节奏柔和，这与爱情、离别等主题的温情、思念常常相呼应。歌词往往表达深情和眷恋，与音乐的旋律相辅相成，共同营造出一种浪漫而动人的氛围。一首抒情歌曲通过柔美的旋律和歌词中的情感表达，讲述了两情相悦、相爱相守的故事，触动听众的心弦，使他们沉浸在爱情的海洋中。摇滚、流行等音乐风格则常常与现代都市生活、青春奋斗等文学题材相契合。这些音乐风格的节奏强烈、动感十足，充满活力和激情，与现代都市生活、青春活力等主题相呼应。歌词往往表达年轻人的追求、梦想和挑战，与音乐的节奏形成有力的对比，共同展现出一种朝气蓬勃、不畏艰难的精神面貌。一首摇滚乐曲通过激昂的节奏和歌词中的激情表达，讲述了年轻人在都市中奋斗拼搏的故事，激励听众追求梦想、勇往直前。民谣、古风等音乐风格也常常与古代传统文学题材相契合。这些音乐风格的特点是朴实、清新、自然，与古代传统文学题材中的山水田园、古代风情等主题相呼应。歌词往往表达对自然的向往、对传统文化的热爱，与音乐的风格相得益彰，共同营造出一种怀旧、清新的氛围。一首民谣通过舒缓的旋律和歌词中的自然描写，表达了对家乡风土人情的眷恋，引发听众对乡愁的共鸣。汉语言文学与音乐的融合中，不同的音乐风格与文学题材相契合，共同构建了作品的氛围和情感表达。这种融合不仅使作品更加丰富多彩，也为听众提供了丰富的审美体验。汉语言文学与音乐的融合是一种丰富多彩的艺术形式，体现在歌词的文学性与音乐的情感表达、音乐作品中的叙事与情感共鸣，以及音乐风格与文学题材的契合等方面。这种融合不仅丰富了音乐与文学的表现形式，也为听众带来了更加丰富和深刻的艺术体验。

二、汉语言文学与舞蹈的融合

（一）舞蹈作品中的文学题材与表现形式

在舞蹈作品中，汉语言文学的题材常常被选用，并通过舞蹈的形式进行表现。舞蹈作为一种视觉艺术，通过舞者身体的动作、表情和舞台布景等元素，将文学作品中的情节、人物形象以及文化内涵生动地呈现出来，为观众带来沉浸式的文学体验，使他们在舞蹈的世界中领略到文学作品的魅力和情感。舞蹈作品中经常选取古典文学、现代文学等丰富的题材，如古代诗词、历史传说、当代小说等，以此为基础进行舞蹈创作。舞者通过对文学作品的理解和诠释，运用舞蹈的语言，将文学中的情节、意境、人物形象等通过肢体语言和舞台表现形式进行生动而富有表现力的展现，例如，可以选取《红楼梦》中的经典情节，通过舞者的舞姿、舞台布景等元素，再现贾宝玉与林黛玉之间的爱情纠葛，表现出爱恨情仇的动人场景。在舞蹈作品中，舞者的身体语言是最直接的表达方式。他们通过优美的舞姿、流畅的动作，以及表情的细腻变化，诠释文学作品中的情感和内涵。舞者的舞姿展现出人物的性格特点，动作的节奏和力度也反映出情节的发展和紧张程度，从而使观众更加深入地理解和感受文学作品的丰富内涵，在舞蹈作品中，舞者可以通过柔美的舞姿和细腻的动作，表现出古代诗词中的优美意境，使观众仿佛置身于诗人笔下的山水之间，感受到诗意的美好。除了舞者的表演，舞台布景、灯光效果等也是舞蹈作品中重要的元素。舞台布景可以通过特定的道具、背景布景等，营造出文学作品所描述的场景和环境，为观众提供视觉上的沉浸感。灯光效果可以通过不同的色彩、亮度和变化，突出舞者的动作和表情，增强舞蹈作品的表现力和感染力。在舞蹈作品中，通过灯光的变化和布景的设计，可以将文学作品中的情节转换成具体的场景，使观众更加直观地感受到文学作品的魅力。舞蹈作品通过对汉语言文学题材的选取和表现，使文学作品得以以全新的形式呈现在观众面前。舞者通过身体的动作和表情，将文学作品中的情节、人物形象生动地展现出来，舞台布景和灯光效果则为作品的视觉呈现提供了支持。这种汉语言文学与舞蹈的融合，不仅丰富了舞台艺术的形式，也为观众带来了独特的文学体验。

（二）舞蹈与文学情感的共鸣与呼应

汉语言文学与舞蹈的融合不仅在于舞蹈作品对文学题材的选取和表现，更重要的是在舞蹈与文学情感的共鸣与呼应上。舞蹈作品常常选取文学作品中的情感主题，通过舞者的表演和舞蹈编排，与观众共同体验文学作品中的情感起伏，产生情感共鸣与呼应。在舞蹈作品中，情感是一种核心元素，而文学作品中常常充满了丰富的情感。舞蹈通过舞者的动作、表情和身体语言，将文学作品中的情感情绪生动地表现出来。如果舞蹈作品选取了一首富有爱情主题的诗歌作为背景，舞者可以通过表演手法展现出诗歌中的甜蜜、悲伤、忧郁等情感，使观众能够深刻地感受到诗歌中所蕴含的情感。在舞蹈编排方面，舞者可以通过舞蹈动作的选择、节奏的变化、舞蹈形式的转换等手法，将文学作品中的情感表现得淋漓尽致。如果舞蹈作品选取了一首关于友情的故事作为背景，舞者可以通过编排一系列充满亲情、友情的舞蹈动作，来表现文学作品中人物之间的情感联系和羁绊。观众在欣赏舞蹈作品时，也会因为舞者的表演和舞蹈编排，产生情感上的共鸣与呼应。观众在观看舞蹈作品时，被舞者身体语言打动，感受到其中所蕴含的情感，与舞者共情，产生共鸣。当舞者表现出诗歌中的忧郁、沉思时，观众也会因为舞者的表演而感受到内心的共鸣，产生情感上的呼应。通过舞蹈与文学情感的共鸣与呼应，观众能够更加深入地理解和感受到文学作品中所表达的情感内涵，使文学作品在舞蹈的演绎下得以更加生动和感人。这种汉语言文学与舞蹈的融合，不仅丰富了舞台艺术的形式，也为观众带来了更加丰富和深刻的文学体验。

（三）舞蹈音乐与文学节奏的和谐结合

在汉语言文学与舞蹈融合的过程中，舞蹈音乐与文学节奏常常实现和谐的结合，从而创造出一种独特的艺术氛围，使观众更加深入地体验到文学情感的深度和广度。舞蹈音乐与文学作品的节奏感相呼应。舞蹈音乐往往根据文学作品的情节和情感氛围进行配乐，以突出作品的情感表达。如果文学作品中描述了一段激情澎湃的场景，舞蹈音乐选用激昂的旋律和节奏，以强化情感的高潮。相反，如果文学作品中表达了一种忧郁或沉静的情感，舞蹈音乐会选择柔和的旋律和缓慢的节奏，以与之相呼应。这种音乐与文学节奏的相互配合，使舞蹈作品能够更好地表达文学作品所蕴含的情感和情绪。舞蹈动作与音乐节奏的结合也是实现和谐融合的关键。舞者通过舞蹈动作的选择、速度和节奏感，与舞蹈音乐的旋律和节奏相呼应，以展现出作品的整体氛围和情感表达。如果舞蹈音乐的旋律快速而激动人心，舞者选择较为轻快和活泼的舞蹈动作，以与音乐的节奏相契合。如果音乐的旋律柔和而缓慢，舞者会选择柔美和舒缓的舞蹈动作，以与音乐的节奏相呼应。这种舞蹈动作与音乐节奏的和谐结合，使舞蹈作品更加生动和有感染力。舞蹈音乐与文学作品的情感表达也相互补充和增强。舞蹈音乐通过其旋律和节奏，能够直接触动观众的情感，而文学作品则通过其文字和情节，能够深入挖掘和表达情感的内涵。当舞蹈音乐与文学作品相结合时，它们能够相互弥补彼此的不足，使作品的情感表达更加丰富和深刻。如果舞蹈音乐和文学作品都在表达一种爱情的情感，它们相互呼应，相辅相成，能够使观众更加深入地理解和感受到爱情的内涵和力量。舞蹈音乐与文学作品的融合不仅在于它们在表现形式上的结合，更在于它们在情感表达和艺术氛围上的共鸣与呼应。这种和谐的结合，使观众在欣赏舞蹈作品时，能够更加全面地体验到文学作品所表达的情感和情绪，从而使文学作品的魅力在舞蹈的演绎下得以更加生动和感人。

（四）舞蹈编排中的文学意象与想象力

在舞蹈编排中，汉语言文学常常被用作创作灵感，舞者通过对文学作品中的意象和情节的想象，创作出丰富多彩的舞蹈形式。这种舞蹈与文学的融合不仅丰富了舞蹈作品的表现形式，也激发了观众对文学作品的兴趣和理解。舞者通过对文学作品的深入理解和感悟，将作品中的意象和情节转化为舞蹈动作和舞蹈编排的灵感源泉。如果文学作品中描绘了一场动人的爱情故事，舞者会通过舞蹈动作和舞蹈编排，表现出两个人之间的情感纠葛和情感表达，以此来呈现文学作品所蕴含的爱情主题。舞者们会根据文学作品中的情节和意象，创作出富有戏剧性和表现力的舞蹈形式，从而使得文学作品在舞蹈的演绎下得以生动展现。舞蹈作品的编排也常常借鉴文学作品的结构和节奏感。舞者们会根据文学作品的情节发展和氛围变化，设计出相应的舞蹈编排，以体现出作品的整体节奏和情感变化。如果文学作品中存在高潮迭起的情节，舞者会通过编排紧张激动的舞蹈动作和快速变化的舞蹈节奏，来表现出作品中的情节高潮和紧张氛围。这种对文学作品结构和节奏感的借鉴，使得舞蹈作品能够更好地体现出文学作品的整体氛围和情感内涵。舞蹈与文学的融合也为观众提供了一种全新的欣赏方式。观众通过观赏舞蹈作品，不仅能够享受到舞蹈本身所带来的视觉和听觉享受，也能够通过舞蹈所呈现的情节和意象，更深入地理解和感受到文学作品所表达的情感和内涵。这种融合不仅丰富了观众的文化体验，也激发了他们对文学作品的兴趣和理解，从而使文学作品在舞蹈的演绎下得以更加生动和感人。舞蹈与文学的融合为舞蹈作品的创作和表现提供了丰富的文化资源和创作灵感，同时也为观众提供了一种全新的文学体验方式。这种融合不仅丰富了舞蹈作品的表现形式，也激发了观众对文学作品的兴趣和理解，从而促进了文学与舞蹈艺术的互动和发展。

三、汉语言文学与绘画的融合

（一）文学作品中的绘画意象与描述

在汉语言文学作品中，经常出现具有强烈视觉感受的绘画意象。作家通过生动的文字描写，将绘画作品中的景象、色彩和形态等细节生动地展现在读者面前，使读者能够通过阅读文字感受到绘画作品所带来的视觉冲击和情感体验。汉语言文学作品中的绘画意象常常通过丰富的形容词和形象化的语言来表现。作家善于利用形容词和修辞手法，生动地描绘出绘画作品中的各种景象和色彩，使读者仿佛置身于画面之中。可以通过对颜色的描写来表现绘画作品的色彩层次和变化，通过对形态的描绘来表现绘画作品的立体感和纹理，从而使读者产生强烈的视觉感受和情感共鸣。汉语言文学作品中的绘画意象常常与情节和主题相结合，起到画龙点睛的作用。作家通过对绘画作品的细节和氛围的描绘，为文学作品增添了一种独特的艺术魅力和情感张力。可以通过描述一幅画作中的人物形象和动作来表现人物的内心世界和情感状态，通过描绘一幅风景画中的景象和氛围来表现作者的情感和审美情趣，从而使文学作品更加丰富多彩、引人入胜。汉语言文学作品中的绘画意象常常与文学艺术的表现手法相结合，起到一种意境交融的效果。作家善于利用比喻、拟人等修辞手法，将绘画作品中的意象与文学作品的情节和主题相融合，形成一种独特的艺术风格和情感氛围。可以通过对一幅风景画的描绘来表现人物内心的喜怒哀乐，通过对一幅肖像画的描绘来表现作者的情感和审美情趣，从而使文学作品更加富有表现力和感染力。汉语言文学作品中的绘画意象通过生动的文字描写和艺术想象，使读者能够深入感受到绘画作品所带来的视觉冲击和情感体验。这种绘画意象的融入不仅丰富了文学作品的表现形式，也拓展了读者对文学艺术的理解和欣赏，从而使文学艺术在汉语言文学中展现出更多样化和丰富化的面貌。

（二）绘画与文学情感的共鸣与表达

在汉语言文学中，与绘画的融合通常体现在绘画与文学情感的共鸣与表达上。作家经常借助绘画作品中的意象和色彩来表达文学作品中的情感和思想。通过文字和绘画之间的相互呼应，使文学作品更加丰富多彩，触动读者的情感共鸣。汉语言文学作品常常通过生动的文字描绘来展现绘画作品中的意象和色彩。作家运用丰富的形容词和比喻手法，生动地描绘绘画作品中的景象和色彩，使读者仿佛能够直观地感受到画作所表现的情感和氛围。通过对绘画作品的描绘，作家不仅展现了绘画作品的视觉魅力，同时也将画作中所蕴含的情感和内涵传达给了读者。汉语言文学作品常常通过对绘画作品中的意象和色彩进行深度解读，从而表达文学作品中的情感和思想。作家通过对绘画作品中的图像和色彩的细致描绘和分析，深入挖掘画作所蕴含的丰富内涵和情感寓意，从而为文学作品赋予更加深刻的内涵和意义。通过对绘画作品的解读，作家使文学作品的情感表达更加丰富多彩，触动读者的心灵深处。汉语言文学作品常常通过与绘画作品的对话和呼应，实现情感共鸣与表达。作家运用丰富多样的文学表现手法，将文学作品中的情感和思想与绘画作品中的意象和色彩进行巧妙地结合，从而使文学作品更加生动有趣，触动读者的情感共鸣。通过与绘画作品的对话和呼应，作家使文学作品的情感表达更加丰富深刻，引发读者对文学艺术的深度思考和感悟。汉语言文学与绘画的融合通常体现在绘画与文学情感的共鸣与表达上。通过对绘画作品的描绘、解读和对话，作家使文学作品更加丰富多彩，触动读者的情感共鸣，从而丰富了文学艺术的表现形式和内涵，拓展了读者对文学艺术的理解和欣赏。

（三）文学与绘画的创作灵感与想象力

在创作过程中，汉语言文学往往受到绘画作品的启发和影响，而绘画作品也可以受到文学作品的启发和影响。这种相互影响与借鉴，促进了文学与绘画之间的融合，丰富了艺术的表现形式和内涵。作家可以通过绘画作品中的意象和情感来激发自己的想象力，创作出丰富多彩的文学作品。绘画作品中的色彩、线条和形态常常具有独特的艺术魅力，能够唤起作家的想象力和创作灵感。作家们通过对绘画作品的欣赏和解读，获得灵感，将绘画中的意象与情感融入自己的文学创作中。这种跨界的创作方式使得文学作品更加丰富多彩，充满了艺术的张力和表现力。画家也可以通过文学作品中的故事情节和意象来激发自己的创作灵感，创作出富有想象力的绘画作品。文学作品中的故事情节和意象往往具有丰富的情感和内涵，能够激发画家的创作灵感和艺术表现欲。画家们通过对文学作品的阅读和理解，汲取文学作品中的情感和意象，将其转化为绘画作品中的形式和色彩。这种跨界的创作方式使得绘画作品更加丰富多样，充满了文学的气息和艺术的张力。文学与绘画之间的相互影响与借鉴不仅丰富了艺术创作的形式和内涵，也促进了文学与绘画之间的交流与合作。作家与画家可以通过对彼此作品的欣赏和理解，开展跨界的艺术创作和合作，共同探索艺术的边界和可能性。这种跨界的合作方式不仅促进了文学与绘画之间的融合与发展，也拓展了艺术的表现形式和渠道，丰富了人们的文化生活和审美体验。汉语言文学与绘画作品之间的相互影响与借鉴，促进了文学与绘画之间的融合与发展。作家和画家可以通过对彼此作品的欣赏和理解，相互启发和借鉴，创作出更加丰富多彩的艺术作品，丰富了人们的文化生活和审美体验。

第三章　汉语言文学与文化融合的机遇与挑战

第一节　文化融合的机遇与汉语言文学传播

一、汉语言文学传播的意义

汉语言文学传播具有重要而深远的意义，影响着文学、文化和社会的多个方面。汉语言文学是中国丰富的文学传统的重要组成部分。通过传播，可以使中国文学的经典作品、古代诗歌、传统戏曲等得以传承，继承和发扬光大。汉语言文学的传播有助于树立中国的文化认同和国家形象。通过文学作品，国际社会更深入地了解中国的历史、传统、价值观，进而促进文化交流与理解。汉语言文学的传播是汉语推广的有力工具。通过文学作品，读者在欣赏文学的同时，也能接触、学习汉语，从而推动中文在全球范围内的传播与使用。汉语言文学传播促进了跨文化的沟通与交流。作品中蕴含的文化元素、价值观，能够跨越国界，引起不同文化群体的兴趣，促进不同文明之间的对话。汉语言文学传播使中国的文学作品得以在全球范围内被广泛阅读。优秀的文学作品通过传播，能够在国际文学舞台上体现其独特的审美价值，对世界文学产生影响。汉语言文学的传播为全球文学体系的丰富发展作出了贡献。中文文学作品在国际上的存在丰富了全球文学的多元性，为世界文学搭建了更广阔的舞台。汉语言文学的传播促进了中国文学与其他文学之间的交流。与其他文学相互渗透、借鉴，形成新的文学风格，推动文学的创新与发展。

二、文化融合为汉语言文学传播带来的机遇

（一）多元文化受众的拓展

1. 拓展汉语文学的国际影响力

通过融合多元文化元素，汉语言文学得以吸引更广泛的国外读者。在全球化的时代，

文化融合成为文学传播的一大机遇。将其他文化元素融入汉语言文学作品中不仅有助于提升作品在国际市场上的接受度，还能够吸引更多不同文化背景的读者，从而拓展汉语文学的国际影响力。文化融合为汉语言文学带来的机遇之一在于扩大读者群体。通过融合其他文化元素，作品能够更好地适应多元化的国外读者口味，不仅吸引了中国读者，也能够引起外国读者的兴趣。文化融合拓展了汉语文学在国际上的影响力。融合其他文化元素能够使作品更具全球性，超越了地域限制，更容易被不同文化背景的读者理解和接受。文化融合也为作品赋予了为深刻的内涵。吸收其他文化元素不仅能够拓宽作品的题材和风格，还有助于深化作品的思想层面。通过与其他文化相互融合，作品能够在传递故事的同时，传达为广泛、深刻的文化内涵，引发读者对不同文化的思考和探索。茅盾文学奖获得者莫言的小说《红高粱家族》就在作品中融合了家族、历史、民间传说等多元文化元素，呈现出丰富而深刻的文学内涵，引发了国外读者对中国文学的独特兴趣。文化融合也为作家提供了更多的创作灵感。通过对不同文化的深入了解和吸收，作家能够更好地挖掘故事主题、塑造人物形象，使作品更加具有丰富的想象力和创造力。在文化融合的过程中，也需注意一些潜在的挑战。首先，文化融合需要在保留原汁原味的同时，避免对其他文化的误解或过分改编，以确保作品不失真实性。其次，文化融合要避免过于迎合国际市场的趋势，保持作品的独立性和文化底蕴，以使作品真实地反映汉语文学的独特魅力。通过融合多元文化元素，汉语言文学能够在国际舞台上吸引更广泛的读者。最后，文化融合为作品带来了拓展读者群体、增强国际影响力、赋予更深刻内涵等机遇，使汉语文学在国际文学交流中发挥着越来越重要的角色。在全球化的潮流下，通过文化融合，汉语言文学可能在世界范围内引起更大的共鸣，促进不同文化之间的相互理解与交流。这种文化融合为中国文化的传播提供了新的契机，也使汉语文学在国际文学舞台上展现出更加丰富多彩的面貌。

2. 促进文学交流与合作

文化融合为汉语言文学传播带来了丰富的机遇，其中比较重要的是提供了与其他文学体系交流与合作的机会。通过将汉语言文学与其他文学相结合，创造性地融汇不同文化元素，推动了文学领域的跨文化交流，促进了文学创作的创新与多样性。文化融合为汉语言文学创作者提供了与其他文学体系的深度交流机会。通过与其他文学传统的对话，汉语言文学作家能够汲取不同文化的精髓，拓宽创作的思路和视野。这种深度交流不仅有助于汉语言文学作品更好地融入国际文学领域，还能够促使文学创作者更深入地思考和探讨文学的本质、价值观念等方面的问题。与西方文学的对话可以促使汉语言文学更好地表达现代性、个体主义等主题，为文学创作注入新的活力。文化融合为文学领域提供了丰富多彩的文学作品。在汉语言文学中融入其他文化元素，既可以创造出具有异域风情的作品，又可以使作品更贴近国外读者的审美和文化背景。文化融合为文学作品的传播提供了更广泛的平台。通过将汉语言文学融入全球文学的潮流中，作品得以在国际市场上获得更多的关注。文化融合带来的创新和独特性使作品更具有传播价值，也使作品在国际市场上更容易被接受，例如，作家余华的小说《活着》在描写中国历史变迁的同时，融入了人性关怀的元素，使作品不仅在国内取得了成功，也在国际上引起了广泛的关注。文化融合还推动了文学创作的多样性。

在不同文学体系的交流中，作家能够受益于其他文学的创作经验、写作技巧，从而拓展了自身的创作能力。这种多样性不仅体现在主题和风格上，还表现在文学形式和结构上。将中国传统文学与西方现代主义文学相结合，创造出既具有中国文化特色又具有现代感的文学作品，为文学领域带来更多的创新和变革。在文化融合的过程中，也需要注意一些潜在的挑战。作家在融合其他文化元素时需要保持对自身文化的敏感性和责任感，避免对其他文化的误解或过于片面的描绘作品在融合文化元素时需保持平衡，既要融入外来元素，又要保留本土文化的独特性，以确保作品既具有国际影响力，又能够体现汉语言文学的独特魅力。文化融合为汉语言文学传播带来了丰富的机遇。通过与其他文学体系的交流与合作，汉语言文学不仅能够吸引更广泛的国外读者，还能够在国际文学舞台上发挥重要的角色。这种跨文化的交流既促进了文学创作的创新与多样性，也为中国文化在全球范围内的传播提供了有力支持。文化融合的实践不仅能够使文学作品更具活力和创造力，也有助于构建更加包容和多元的文学生态。

3. 增强国际影响力

通过融合其他文化元素，汉语言文学作品在适应国际文学市场需求方面发现了新的机遇，这有助于增强中国文学在全球文学舞台上的影响力，推动中国文学更深层次的国际化。这一趋势为文学创作者提供了更广阔的创作空间，也为读者带来了丰富多元的阅读体验。融合其他文化元素使汉语言文学作品更具国际化的特色。在全球化的潮流下，文学市场对于多元文化的需求与日俱增。通过将汉语言文学融入其他文化元素，作品能够更好地适应国外读者的口味与审美标准，拉近与国外读者之间的文化距离。这种文化融合使汉语言文学作品更具国际化的面貌，有助于吸引更多的国外读者。文化融合为汉语言文学作品打开了更广泛的传播渠道。融合其他文化元素使作品更容易在国际市场上引起关注，吸引更多的国际文学出版商的青睐。通过将中国传统文学与西方现代元素相结合，创作者能够打破语言与文化的障碍，使作品更容易被翻译成其他语言，并通过国际出版渠道传播。这为中国文学的传播提供了更多可能性，使作品更广泛地传播到国际舞台上。

融合其他文化元素丰富了汉语言文学作品的内涵与深度。通过汲取其他文化的精华，作品能够更好地反映人类共同的情感、价值观念和社会关切。这不仅使作品更具有普世性，也为国外读者提供了深刻的思考和共鸣。以历史事件或文学名著为背景，融合当代社会问题，能够使作品既具有中国文化的独特性，又能触及全球读者普遍关心的议题。文化融合为汉语言文学作家提供了更广泛的创作灵感。通过深入研究其他文化，作家能够发现不同文化之间的共通之处和冲突之点，为创作提供新的思路和素材。这种创作灵感的丰富多元化使汉语言文学作品更具有创新性和时代性。作品在融合其他文化元素时要注意避免刻板印象和误解，以确保对其他文化的呈现真实而负责任。作家在融合其他文化时，需要深刻理解其他文化的内涵和背景，避免走向表面功夫，以确保融合的深度和广度。通过融合其他文化元素，汉语言文学作品在国际文学市场上有了更好的适应性，增强了中国文学在全球文学舞台上的影响力。这种文化融合的实践为文学创作者提供了更广阔的发展空间，为国外读者呈现了多元的文学作品。在全球化的背景下，文化融合为中国文学的国际传播打开了新的篇章，为推动中国文学更深层次的国际化提供了坚实的基础。

4. 促使文学创新

文化融合为文学创新提供了广阔的空间，这一趋势使汉语言文学作品在吸收其他文化元素的同时，能够创造出独特的风格和形式，推动文学领域的发展。这种创新不仅为文学作品注入了新的活力，也丰富了读者的阅读体验，为文学领域开启了广泛和多样的未来。文化融合为汉语言文学创作者提供了更多元的创作灵感。通过吸收其他文化的元素，作家能够获得更广阔的创作视野，发现新的题材、人物和故事情节。这种多元的创作灵感使作品更富有想象力和创造力。将中国传统神话与西方科幻元素结合，创作者能够构建出富有奇幻色彩的文学世界，既保留了中国文化的独特性，又融入了国际化的元素。文化融合为汉语言文学作品带来了新的艺术表现形式。通过与其他文学风格相结合，作品能够创造出多样的艺术形式，打破传统文学的界限。将传统散文与现代音乐相结合，或者在小说中融入多媒体元素，这些新颖的艺术表现形式不仅使作品更具创新性，也使读者能够通过多种感官更全面地体验文学作品。这种艺术形式的多样性为文学创新提供了更广阔的空间。文化融合推动了文学作品的风格多样化。通过吸收其他文化的元素，作品能够融合不同的文学风格，形成独特的混搭风格。将中国传统诗歌形式与西方现代散文融合，创作者能够形成具有独特韵味的新型文学风格，既传承了传统，又具有现代感。这种风格的多样化使文学作品更富有变化，也更容易引起读者的兴趣。

文化融合为汉语言文学作品注入了丰富的文学内涵。通过汲取其他文化的精华，作品能够在表达故事的同时，传达深刻的思想和情感。将中国传统文学与西方哲学思想相结合，作品不仅能够引发读者对于传统文化的思考，也能够探讨人类普遍关注的社会和人生问题。这种丰富的文学内涵使作品更具有思想深度，有助于激发读者的思考和共鸣。文化融合也面临一些挑战。首先，创作者在进行文化融合时需要保持对本土文化的深刻理解和尊重，避免过于随意或刻板的融合，以确保作品保持真实性。其次，文化融合需要在保留独特性的同时，确保融合的深度和广度，避免陷入表面化的文化符号拼凑。最后，作家需要认真研究其他文化的背景，以确保融合的元素能够真正融入作品，并为作品增色。文化融合为汉语言文学提供了广泛的创新空间。通过吸收其他文化元素，作品能够融合新的创作灵感、艺术表现形式和文学风格，为文学领域注入新的活力。这种创新不仅拓展了文学作品的题材和形式，也为读者提供了多元和丰富的阅读体验。在文化融合的推动下，汉语言文学有望走向开放、多样和富有创意的未来。

（二）文学作品在跨文化交流中的桥梁作用

文学作品在文化融合中充当了沟通和理解的桥梁，通过翻译，汉语文学能够传播到世界各地，成为促进不同文化之间相互了解的重要媒介。作品中融入其他文化元素，有助于促进跨文化交流，增进不同文明之间的友好互动。通过将中国传统文化元素巧妙融入作品，使汉语文学能够更好地传达中国独特的文化魅力，引起国外读者的兴趣。文学作品通过翻译成为不同文化之间的桥梁。随着全球化的发展，文学作品通过翻译成为促进文化交流的媒介，将作者的思想和情感传达到世界各地。通过翻译，汉语文学作品得以跨越语言障碍，与国外读者进行深刻的对话，例如，莫言的小说《红高粱家族》在全球范围内得到了广泛翻译，更多的国外读者能够深入了解中国的历史、文化和社会变迁。文学作品在融合其他文化元素的过程中促进了跨文化交流。通过将其他文化元素巧妙地融入作品，创作者能够创造出更具包容性的作品，打破文化的局限，使作品更具普世性。通过翻译和融合其他文化元素，汉语文学能够更好地传播到世界各地，为国外读者呈现出多元和丰富的文学画卷。这种文化融合带来的机遇不仅丰富了文学创作的内涵，也有助于增进世界各国之间的文化交流与互动。

第二节 文化融合与汉语言文学面临的挑战

一、汉语言文学与文化融合价值观的碰撞

（一）寻找汉语言文学与文化融合的平衡点

面对传统与现代价值观之间的碰撞，汉语言文学需要不断寻找一种平衡点，以传承传统、适应现代社会需求，并促进文学的更新与发展。这一平衡点的探索体现在对传统文学作品的重新解读和现代化改编，以及创作新的文学作品来探讨当代社会面临的伦理、道德和文化议题。对传统文学作品的重新解读和现代化改编是一种重要的途径。通过重新审视经典文学作品，我们可以发现其中蕴含的智慧和价值观念与现代社会依然有着共鸣之处。作家可以运用现代的视角和语言，重新诠释经典作品中的人物形象、情节发展和主题意义，使之更贴近当代读者的心理和审美需求。创作新的文学作品也是寻找传统与现代价值观平衡点的重要途径。现代社会面临着诸多伦理、道德和文化议题，例如科技发展带来的伦理困境、全球化对文化认同的影响等，这些都可以成为文学创作的题材和素材。通过创作新的文学作品，作家可以探讨这些当代社会面临的挑战和问题，引起读者的思考和共鸣，从而促进社会的进步和发展。这些新作品既可以在表现形式上突破传统，运用现代化的语言和结构，也可以在主题内容上体现传统文化的精髓，使传统与现代相互交融，产生新的文学价值。寻找传统与现代价值观的平衡点需要汉语言文学作家不断努力探索和创新。通过重新解读经典文学作品、现代化改编经典作品，以及创作新的文学作品来探讨当代社会面临的伦理、道德和文化议题，可以使传统文学焕发出新的活力，同时也能够更好地适应现代社会的需求，推动文学的更新与发展。

（二）汉语言文学作品的价值观转型与时代变革

随着时代的演进和社会的变迁，汉语言文学作品中的价值观也在不断转变和更新。这种转变既是作家对传统文化的继承与发展，也是对当代社会问题的关注与思考的体现。在文学作品的创作中，价值观的转型与时代变革密切相关，反映了社会的发展和人们的思想观念的变化。随着社会结构和价值观念的变化，一些传统文学作品中的价值观念也需要进

行重新审视和调整。传统文学作品是历史的产物，它们反映了当时社会的道德观念、伦理规范和文化传统。然而，随着社会的发展和进步，一些传统的道德观念和伦理规范已经不再适用于当代社会，甚至与现代社会的价值取向相悖。因此，作家在创作或重新解读传统文学作品时，需要对其中的部分观念进行修正或重新诠释，以使之更符合现代社会的发展和需求。随着社会问题和人们思想观念的变化，汉语言文学作品也需要关注和反映当代社会问题，并提出相应的价值观念。当代社会面临诸多伦理、道德和文化议题，例如科技发展带来的伦理困境、全球化对文化认同的影响等，这些都可以成为文学创作的题材和素材。作家通过创作新的文学作品，探讨当代社会面临的挑战和问题，可以引起读者的思考和共鸣，从而促进社会的进步和发展。一些现代文学作品关注社会问题，如环境污染、城乡差距、人性扭曲等，通过对这些问题的深入探讨，作家可以提出相应的价值观念，引导读者对社会问题的关注和思考，促进社会的良性发展。随着时代的变迁和社会的发展，汉语言文学作品中的价值观也在不断转变和更新。作家在创作文学作品时，需要对传统文学作品中的价值观念进行重新审视和调整，使之更符合现代社会的发展和需求，并关注和反映当代社会问题，提出相应的价值观念，促进社会的进步和发展。

二、汉语言文学与文化融合面临的具体挑战

（一）全球化进程与汉语言文学的开放与包容

随着全球化进程的加速，汉语言文学正面临着前所未有的挑战和机遇。全球化使得不同文化、不同语言之间的交流和互动更加频繁和紧密，文学作品不再局限于特定地域或民族，而是成为跨越国界的文化交流的重要媒介。在这种背景下，汉语言文学面临着来自不同文化、不同语言的冲击和影响，同时也迎来了更加开放和包容的发展机遇。全球化进程带来了文学作品的跨文化传播和交流。汉语言文学作品通过翻译和网络等媒介传播到世界各地，成为人们了解中国文化、汉语言和汉字的重要途径。在全球范围内，越来越多的读者通过阅读汉语文学作品，了解中国的历史、文化和社会，增进了对中国的了解和认知，同时，汉语文学作品也受到了来自其他文化的影响，吸收了外来文化的精华，使得汉语文学更加丰富多彩，更具有全球化的视野和包容性。全球化进程推动了汉语文学作品的多元化和国际化。随着中国在国际舞台上的影响力不断提升，越来越多的外国人开始学习汉语和了解中国文化，对汉语文学作品的需求也在增加。因此，汉语文学作品不再局限于中国

境内的市场，而是面向全球读者，涉及的题材和风格也更加多样化。作家在创作文学作品时，可以更加自由地选择题材和风格，更加自信地展现中国文化的魅力，从而推动汉语文学作品在国际舞台上的传播和影响。全球化进程催生了汉语文学作品与其他文化的融合与交流。在全球化的背景下，汉语文学作家与来自其他文化的作家进行交流和合作，共同探讨文学创作的主题和技巧，共同推动文学作品的创新和发展。通过与其他文化的融合和交流，汉语文学作品不仅能够吸收外来文化的优秀成果，也能够为其他文化提供中国文化的独特视角和理解方式，从而促进了文学作品的多元化和世界化。全球化进程使得汉语文学面临着前所未有的挑战和机遇，但同时也为其提供了更加开放和包容的发展平台。在全球化的背景下，汉语文学作品不仅能够在国际舞台上获得更大的传播空间和影响力，也能够通过与其他文化的融合和交流，为文学创作注入新的活力和动力，推动文学作品的多元化和世界化。

（二）汉语言文学的文化融合与创新

在当今多元文化的交流与碰撞中，汉语言文学正经历着一场前所未有的文化融合与创新的浪潮。随着全球化的发展，汉语言文学需要更加开放和包容，接纳不同文化的影响和创新，以创造出更具国际视野和影响力的文学作品。在这个过程中，作家扮演着重要的角色，他们可以借鉴外来文化的精华，融入自己的创作中，从而使作品更加丰富、多样化，并展现出更具有时代感和现代性的特点。一种显著的文化融合与创新体现在汉语言文学作品中对西方文学的借鉴与吸收上。现代汉语言文学作家往往不局限于传统的文学模式和表达方式，而是积极借鉴西方文学中的叙事技巧、创作理念和风格，将其融入自己的创作之中。一些作家会采用西方现代主义的叙述手法，打破传统的时间和空间限制，以更加抽象和多元的方式展现故事情节和人物形象；还有一些作家会借鉴西方后现代主义的思想，探讨现实与虚构之间的边界，引发读者对现实世界的反思和思考。这种西方文学元素的融合与运用，使得汉语言文学作品在形式和内容上更加丰富多样，更能够吸引当代读者的兴趣和关注。汉语言文学作品还可以通过对其他东方文化的借鉴与融合，实现文化创新与交流。这种东方文化元素的融合与创新，不仅丰富了汉语言文学的创作资源，也促进了东方文化之间的交流与互动，为文学作品的跨文化传播提供了广阔的空间和可能。汉语言文学在多元文化的交流与碰撞中，正经历着一场文化融合与创新的革命。作家通过借鉴西方文学和其他东方文化的精华，融入自己的创作中，创造出更具国际视野和影响力的文学作品，从而推动了汉语言文学的更新与发展。

（三）保持汉语言文学的特色与独立性

尽管面对多元文化的冲击和影响，汉语言文学必须始终保持自身的特色和独立性。汉语言文学作为拥有悠久历史和丰富文化传统的文学体系，其独特魅力的体现不仅在于其源远流长的传统，更在于其深厚的文化积淀和独特的审美特质。在接纳外来文化的同时，保持汉语言文学的特色与独立性具有重要意义。汉语言文学应该保持对本土文化的深刻理解和传承。中国拥有悠久而丰富的文化传统，包括儒家思想、道家哲学等，这些文化传统贯穿了中国人民的生活和思想，也深刻影响了汉语言文学的发展。因此，作家在创作过程中应该继续汲取本土文化的精髓，通过对传统文化的传承和发扬，使汉语言文学更具有历史感和文化底蕴。通过文学作品表达对社会现实的思考与关怀，促进社会的进步与发展。汉语言文学应该保持对语言和形式的创新和探索。语言是文学的载体，形式是文学的表现方式，只有不断进行创新和探索，才能使汉语言文学始终焕发出勃勃生机。作家应该勇于尝试新的文学形式和语言技巧，挖掘汉语言的丰富表现力，创造出更加丰富多彩的文学作品。汉语言文学应该注重与世界文学的交流与对话。汉语言文学作为世界文学的一部分，应该积极参与到世界文学的交流与互鉴中，借鉴外来文化的精华，为汉语言文学的发展注入新的活力与动力。保持汉语言文学的特色与独立性，意味着要坚守本土文化的传承与发扬，关注当代社会的发展与变革，注重语言和形式的创新与探索，以及积极参与到世界文学的交流与对话中。只有如此，汉语言文学才能在多元文化的大潮中保持独特的魅力和活力。

三、文化融合与汉语言文学传播方式的改变

（一）内容碎片化与浅阅读带来的挑战

新媒体和网络文学的兴起给人们的阅读方式带来了深刻的变革，与此同时，也带来了一些挑战和问题。其中之一就是内容碎片化现象的普遍存在。内容碎片化是指读者倾向于阅读短小的文学作品或碎片化的阅读内容，而不是专注于深入阅读完整的文学作品。这种阅读习惯的兴起，不仅影响了读者对文学作品的理解和欣赏，也对汉语言文学的发展和传承提出了挑战。内容碎片化现象使得一些文学作品难以得到深入的理解和欣赏。由于读者倾向于浏览短小的文学作品或碎片化的阅读内容，他们往往只是匆匆浏览，而没有耐心去深入思考作品背后所蕴含的意义和内涵。这种浅阅读的倾向使得一些优秀的文学作品无法

被充分理解和欣赏，从而影响了作品的价值和意义。内容碎片化现象也对汉语言文学作品的传承和发展构成了挑战。传统的文学作品往往需要读者耐心阅读和深入思考，才能够领略到其内涵和魅力。然而，随着内容碎片化现象的普遍存在，人们的阅读习惯逐渐发生了改变，很多人更愿意追求即时性和碎片化的阅读体验，这使得一些传统的汉语言文学作品面临着被遗忘的风险。针对内容碎片化现象带来的挑战，有必要采取一些措施来加以应对。首先，可以通过教育和宣传，提倡深度阅读的重要性，引导读者培养耐心和专注的阅读习惯。其次，可以借助新媒体和网络平台，推广一些优秀的汉语言文学作品，吸引更多的读者关注和阅读。最后，作家也应该注重作品的质量和深度，力求在短篇作品中也能够表达丰富的思想和情感，以吸引读者的注意力和兴趣。内容碎片化现象给汉语言文学作品的传承和发展带来了一定的挑战，但只要采取适当的措施，就能够克服这些挑战，保持汉语言文学作品的优秀传统和深厚内涵。

（二）挑战与应对之策

面对新媒体和网络文学带来的挑战，汉语言文学需要采取一系列相应的措施来有效地应对，以保持其活力和影响力。作家和文学机构可以积极利用新媒体平台，通过互联网进行文学创作和传播。在互联网时代，通过网络平台发布作品可以迅速触达全球范围内的读者，为作品的传播提供了广阔的空间和更多的机会。作家可以在各类网络文学平台上发布自己的作品，与读者进行直接互动，增强作品的影响力和知名度。文学机构可以通过建立官方网站、社交媒体账号等方式，扩大文学作品的曝光度，提升文学机构的品牌形象和影响力。需要重视深度阅读和文学教育，引导读者培养深入思考和欣赏文学作品的能力。在信息爆炸的时代，人们往往更倾向于碎片化的阅读，而忽略了深度阅读的重要性。因此，需要加强对深度阅读的宣传和教育，引导读者培养对文学作品的深入理解和欣赏能力。可以通过学校教育、文学讲座、读书会等形式，加强对优秀文学作品的推介和解读，激发读者对文学的兴趣和热爱，从而提升汉语言文学作品的质量和价值。作家和文学机构也需要不断提升自身的创作水平和专业素养，以适应新媒体和网络文学时代的需求。在网络文学创作方面，需要注重作品的文学性和艺术性，避免陷入商业化和低俗化的泥淖。作家可以通过不断学习和提升，创作出更加优秀、有深度的文学作品，为汉语言文学的发展注入新的活力和动力。面对新媒体和网络文学带来的挑战，汉语言文学需要采取积极有效的措施来应对，包括利用新媒体平台进行文学创作和传播、重视深度阅读和文学教育、提升作家和文学机构的创作水平和专业素养等，以保持其活力和影响力，推动汉语言文学的持续发展。

第三节　文化融合与汉语言文学的社会影响

一、拓展文学表达的多样性

（一）促进文学创新和多元发展

1. 丰富文学作品的内涵与表达

文化融合通过融合其他文化的观念、价值观和艺术形式，作品得以呈现更深层次、更丰富多彩的故事情节和人物性格，为读者提供丰富的文学体验。这一现象不仅在文学创作中体现，也在社会层面带来了深远的影响。文化融合赋予了汉语言文学作品深刻的故事情节。通过融合其他文化的故事元素和叙事手法，作品的情节能够更加丰富多元。文化融合使得作品能够借助其他文化的丰富传统、神话、传说等元素，为故事注入新的灵感和深度。文化融合使人物性格立体和多维。通过融合其他文化的价值观念和人物性格表现方式，作品中的角色变得复杂和有深度。文化融合能够为人物赋予不同文化传统的背景，丰富了角色的内心世界和成长历程。读者能够更全面地理解和感受人物的情感、冲突、成长等方面，从而更深刻地参与到作品中。文化融合推动了文学作品对社会现实的深入的反思。通过融合其他文化的观念，作品更容易贴近当代社会的多元需求和复杂性。文学作品不仅仅是个体经历的记录，更是对整个社会文化的反映。通过文化融合，作品能够更全面地反映社会多元文化的特点，为读者呈现丰富的社会图景。文化融合也有助于跨文化交流和理解。通过文学作品，读者能够深入了解其他文化的思考方式、生活方式和价值观念，促使不同文化之间的交流更加顺畅。这有助于缩小文化差异带来的隔阂，促进世界各地读者更好地理解和尊重彼此的文化。文化融合也引发一些文化认同的问题。在融合过程中，作品会面临如何平衡不同文化元素，以及如何处理文化的敏感性等问题。在这方面，作家需要对融合的文化元素有深入的了解，以确保作品既能融合多元文化，又能保持作品的独特性和原汁原味。文化融合为汉语言文学作品注入了丰富的内涵，使其在情节、人物、主题等方面更具深度和广度。这不仅在文学创作中体现，也在社会层面推动了文学作品对多元文化的反思和表达，为文学作品赋予了更大的社会影响力。

2. 增加文学作品的国际影响力

融合其他文化元素的作品更容易被国外读者理解和接受，从而增加了汉语言文学作品的国际影响力。这种国际化的影响有助于推动中国文学在国际文学舞台上占有一席之地。这一现象不仅在文学创作中体现，也在社会层面带来了深远的影响。融合其他文化元素提高了汉语言文学作品在国外读者中的可理解性。通过融入其他文化的语境、风俗习惯、历史背景等元素，作品不仅更容易被国外读者理解，还使其更贴近国外读者的文化体验。这种文化融合的作品能够跨越语言和文化的障碍，使国外读者更容易沉浸在作品的情境中，增加了作品的传播力和吸引力。国外读者更容易从融合其他文化元素的作品中找到共鸣。通过在作品中融入全球性的主题、价值观念，作品能够超越特定文化的局限，触及人类普遍共通的情感和思考。这使得汉语言文学作品更具有全球性的吸引力，能够引起国外读者更深层次的共鸣，促使他们更主动地与作品产生互动。汉语言文学作品的国际化影响有助于加深国际社会对中国文化的理解。通过文学作品的传播，国外读者能够更全面地认识中国的历史、传统、社会变迁等方面，打破关于中国的刻板印象，促进国际社会对中国文化的更深层次了解。这有助于减少因文化差异而引发的误解，增进国际社会的和谐与合作。通过在国际文学舞台上积极参与文学活动、展示文学创作成果，中国文学更容易赢得国外读者的认可，推动中国文学在国际文学领域的发展。融合其他文化元素也可带来一些挑战。在进行文化融合时，作品需要平衡本土文化的传承与新文化元素的引入，确保作品既能保持独特的文化特色，又能适应国外读者的接受程度。此外，在翻译过程中，也需要仔细考虑如何准确地传达文学作品中的文化内涵，以避免因文化差异而产生误解。融合其他文化元素使得汉语言文学作品更具有国际影响力。通过增加作品的可理解性和全球性共鸣，汉语言文学在国际文学舞台上取得显著的地位。

（二）增强文学作品的普适性与共鸣力

文化融合使得汉语言文学作品更具普适性和共鸣力。作品中融入的不同文化元素能够超越地域和民族的限制，使得作品更具有全球性的吸引力，能够触及更广泛的读者群体。这一现象不仅在文学创作中体现，也在社会层面带来深远的影响。文化融合赋予汉语言文学作品更具普适性。通过融合多元文化元素，作品中所表达的人性、情感、价值观等主题变得更加普遍，超越了特定地域和文化的局限。这使得作品能够更好地适应全球读者的审美和文化口味，提高了作品在国际文学舞台上的通用性。通过描绘人类共同的生活经历、家庭关系、人性的喜怒哀乐等，作品能够打破语言和文化的障碍，触动读者心灵的共鸣。文化融合汉语言文学作品更具共鸣力。融合其他文化元素丰富了作品的表达方式，使之更富有层次和深度。作品中融入的丰富文化元素能够引发读者对多样性的思考和理解，激发共鸣。通过反映不同文化间的对话和融合，作品能够传达广泛和深刻的文化内涵，引起读者对文化多样性的关注和认同。文化融合推动了跨文化的交流与理解。通过文学作品中的文化融合，读者能够更好地了解和尊重其他文化的独特之处，促进了文化的交流和融合。这有助于消解因文化差异而产生的隔阂，使人们更加开放地对待不同文化的表达方式和观念。文化融合也为文学作品的国际传播提供了更广阔的机遇。由于作品更具有全球性的吸引力，更容易超越语言障碍，因而更受国际出版商和读者的欢迎。这促使更多优秀的汉语言文学作品被翻译成其他语言，为国外读者提供了更多样化的文学体验。文化融合也带来了一些挑战，如在翻译过程中文化元素的处理、文学作品如何在全球市场上平等对待等问题。在这一方面，翻译人员需要具备敏感性，确保文学作品在跨文化传播中既保持原作的深度，又能适应不同文化背景的理解。文化融合使汉语言文学作品在国际舞台上更具有全球性的影响力。作品通过融合其他文化元素，实现了在世界范围内的共鸣，推动了文学创作的多样性和创新。在社会层面，文化融合促使了不同文化之间的交流与理解，为构建更加开放、包容的文学交流平台奠定了基础。

二、增强社会价值观念的多样性与包容性

（一）文化融合拓展了汉语言文学的社会视野

文化融合的确拓展了汉语言文学的社会视野，使其能够更全面地反映当代社会的多元性和复杂性。通过文化融合，汉语言文学作品不仅能够涵盖更广泛的社会现实，也能够展现人们在全球化时代的生活体验和情感共鸣。文化融合使得汉语言文学作品涉及的题材更加丰富多样。传统上，汉语言文学作品主要围绕中国的历史、文化、传统等展开，但随着文化融合的加深，作品中出现了更多跨国、跨文化的题材和主题。随着文化交流的增多，汉语言文学作品在国际舞台上的影响力逐渐扩大，成为世界各地读者关注的焦点。通过融合不同文化的元素，汉语言文学作品能够更好地与国外读者产生共鸣，激发他们对中国文化的兴趣，促进跨文化的交流和理解。这种国际化的视野有助于汉语言文学作品在全球范围内传播，并为推动中国文学走向世界打下了坚实的基础。通过涉及更广泛的题材和主题，触及人类共同的情感和价值观念，以及赋予作品更广阔的国际视野，文化融合不仅丰富了汉语言文学作品的内涵，也拓展了其在国际文坛上的影响力和地位。

（二）文化融合的价值体现在作品的多元性和丰富性

文化融合的价值在于作品的多元性和丰富性，这一点在汉语言文学作品中得到了充分

的体现。文化融合使汉语言文学作品不再受限于传统的题材和风格，使汉语言文学作品涵盖了来自不同文化背景的生活体验和情感表达。文化融合还丰富了汉语言文学作品的内涵和表现形式。作家会借鉴不同文化的艺术表达方式和叙事手法，将其融入自己的创作中。比如，一些作品融合了西方文学的叙事技巧和东方文化的哲思，创造出独具特色的文学风格。这种多元的表现形式使得作品更加丰富多彩，吸引了更广泛的读者群体。文化融合使得汉语言文学作品能够更好地满足不同读者群体的需求。由于作品涵盖了丰富的文化元素和多样的表现形式，读者可以根据自己的兴趣和喜好选择适合自己的作品进行阅读。这种个性化的阅读体验使得文学作品更具有吸引力和影响力。文化融合使得汉语言文学作品呈现出为多元和丰富的面貌，涵盖了不同文化背景的生活体验和情感表达，丰富了作品的内涵和表现形式，更好地满足了不同读者群体的需求。这种多元性和丰富性为汉语言文学作品的发展注入了新的活力，推动着文学创作的不断创新和进步。

三、创新与丰富文学创作形式

（一）汉语言文学作家借鉴外来文化的精华

汉语言文学作家在创作过程中，积极借鉴外来文化的精华，这一现象在当代文学创作中越来越普遍。通过吸收西方文学、东方文学等不同文化传统的营养，汉语言文学作家丰富了自己的文学语言和表现手法，使得作品更具深度和广度。汉语言文学作家借鉴外来文化的精华，扩展了自己的文学视野。通过研读和学习外国文学经典作品，作家深入了解了西方文学、东方文学等不同文化传统的特点和魅力。这些文学传统包含了丰富多彩的文学语言、叙事技巧、主题思想等方面的精华，对汉语言文学作家的创作产生了深远的影响。借鉴外来文化的精华有助于汉语言文学作家丰富自己的创作语言和表现手法。作家从外国文学中汲取启发，吸收其中的创新理念和表现方式，运用到自己的创作中。随着全球化进程的加速，文学作品不再受地域限制，而是面向全球读者群体。因此，作家需要具备跨文化的视野和语言表达能力，以适应全球化的文学需求。汉语言文学作家借鉴外来文化的精华，不仅丰富了自己的文学视野和创作语言，还拓展了作品的主题和内涵，使得作品更具有时代性、国际性和审美价值。这种跨文化的创作借鉴为汉语言文学的发展注入了新的活力，推动着文学创作的不断创新和进步。

（二）结合自身文化传统创作出独特魅力的作品

汉语言文学作家在创作过程中，经常会将外来文化的精华与自身文化传统相结合，创作出独具魅力的作品。这种融合不仅能够丰富作品的内涵和表现形式，还能够为文学作品赋予更深层次的意义和影响力。汉语言文学作家可以从中国传统文化中汲取灵感和素材，创作出独具中国特色的作品。中国传统文化源远流长，包含了丰富的哲学思想、传统价值观念、历史传承等方面的内容。作家可以通过对中国传统文学、历史、艺术等方面的研究，挖掘其中的精华和内涵，运用到自己的创作中。

第四章　深度融合对汉语言文学与文化发展的推进

第一节　汉语言文学与国际文化交流

一、国际文化交流的内涵

国际文化交流是指不同国家、地区之间在文化领域进行的相互交流与合作。这种交流不仅包括文学、艺术、音乐、电影等文化产品的互相传播，还涉及价值观念、传统习俗、思想观念等方面的交流与对话。国际文化交流促进了各个国家、地区之间文化多样性的共享与交流。不同文化之间的交流，使得世界各地的人们能够更多地了解和欣赏其他国家、地区的文化，增进了彼此之间的相互理解和尊重。国际文化交流为各国文化的创新与发展提供了机遇和动力。不同文化之间的交流碰撞，促进了文化的创新与发展，激发了创作者们的创作灵感，丰富了世界文化的内涵和形式。国际文化交流有助于增强各国人民对自己文化的认同和自信。通过与其他文化的交流，人们更加深刻地认识到自己文化的独特魅力和价值，增强了对自己文化的自豪感和信心。国际文化交流有助于促进国与国之间的和平与友谊。文化交流是人类之间相互理解和友好交往的桥梁，有助于减少误解和偏见，增进各国人民之间的友谊与合作。国际文化交流有助于提升各国的文化软实力。优秀的文化产品能够更好地代表一个国家的形象和价值观念，提升其在国际舞台上的影响力和地位。国际文化交流涵盖了文化多样性与共享、文化创新与发展、文化认同与文化自信、和平与友谊以及文化软实力的提升等多个方面，对世界文化的繁荣与发展起着重要的推动作用。

二、文化交流促进汉语言文学的创新与发展

（一）开拓视野与创作灵感

国际文化交流为汉语言文学的发展提供了一片新的天地，为作家们开拓了更广阔的视

野和丰富的创作灵感。这种交流不仅促进了文学作品的多元发展，也深化了文学创作的内涵和外延。通过接触和了解其他文化，作家可以深入探索不同国家和民族的历史、传统、习俗等方面的文化底蕴，从而拓宽了他们的视野和思维。这种跨文化的体验使得作家更加开放和包容，能够更好地理解和尊重不同文化的差异，从而在创作中展现出更丰富多彩的文化元素和情感体验。在跨文化的交流中，作家可以汲取外来文化的精华，融合到自己的创作中。作家可以相互学习、借鉴，共同探讨文学创作的方法和理念，从而促进了文学创作的不断创新和发展。作家通过国际文学节、作家论坛等活动，互相交流自己的创作经验和心得体会，共同推动文学事业的繁荣与发展。国际文化交流为汉语言文学的发展提供了新的动力和契机，作家通过这种交流，开拓了自己的视野，丰富了创作灵感，促进了文学作品的多元发展。在未来，随着国际文化交流的不断深化，汉语言文学将展现出更加丰富多彩的面貌，为世界各国人民带来更多的文学精品。

（二）激发创新与突破

国际文化交流为汉语言文学作家注入了创新的动力和突破的勇气。在跨文化的交流中，作家不断接触到来自世界各地的文化思潮，这不仅开阔了他们的视野，也激发了他们的创新意识和突破精神。国际文化交流为汉语言文学作家带来了新的思想和观念。通过与外国文学作品的接触和学习，作家对世界各地的文化、历史、社会现实等有了更深入的了解，这种跨文化的体验促使他们进行思想上的碰撞和交流。作家不断反思自己的文学观念和创作理念，探索新的文学表现形式和创作手法，从而推动了汉语言文学的发展与进步。国际文化交流促使汉语言文学作家更加开放和包容。在接触外来文化的过程中，作家不仅学会了欣赏和借鉴其他文化的优秀之处，也逐渐意识到自身文化的局限性和不足之处。因此，他们愿意接受外来文化的冲击和挑战，勇于突破传统的束缚，开拓新的创作领域，为汉语言文学注入了新的活力和生机。国际文化交流也为汉语言文学作家提供了更广阔的舞台和更多的机遇。随着中国在国际舞台上的地位不断提升，越来越多的外国读者对中国文学产生了浓厚的兴趣。因此，汉语言文学作家有更多的机会将自己的作品推向国际市场，与世界各地的读者进行交流和互动，从而实现了自身的价值和意义。国际文化交流为汉语言文学作家注入了新的活力和动力，激发了他们的创新意识和突破精神。作家通过接触外来文化，不断反思和探索，推动了汉语言文学的发展与进步。在未来，随着国际文化交流的不断深化，汉语言文学作家将会创作出更加丰富多彩、更具国际影响力的文学作品，为世界文学的发展做出新的贡献。

三、汉语言文学作品促进国际文化的理解与和谐

汉语言文学作为中国文化的重要组成部分，在世界范围内通过翻译与传播，扮演着连接中外文化的桥梁角色。这些作品不仅向世界展示了中国人的生活、思想与情感，还促进了不同文化之间的相互了解与尊重，推动了国际社会的文化交流与和谐发展。汉语言文学作品通过翻译向世界展现了中国人的生活。中国作家的笔下常常描绘了丰富多彩的生活场景，包括中国古代的风土人情、现代都市的喧嚣与忙碌、乡村的淳朴与温情等。这些作品通过翻译传播到世界各地，让国外读者可以从中了解中国人的日常生活，体验不同于自己国家的文化氛围，增进了对中国社会的认知和理解。汉语言文学作品通过翻译向世界展现了中国人的思想。中国文学作为一个源远流长的文化传统，蕴含着丰富的思想内涵和价值观念。从古代经典到现代作品，中国文学反映了中国人民对人生、伦理、道德等方面的思考与探索。这些作品通过翻译传播到世界各地，让国外读者有机会了解中国人的思想观念，体味中国文化的深厚底蕴，拓展了他们的心灵与视野。汉语言文学作品通过翻译向世界展现了中国人的情感。中国文学以其独特的情感表达和深刻的人物塑造闻名于世。作家通过他们的作品表达了对家国情怀、人性悲欢、爱恨情仇等各种情感的探索与表达。这些情感通过翻译传播到世界各地，触动了国外读者的心灵，促进了不同文化之间的情感交流与共鸣，增进了人与人之间的情感联结与理解。汉语言文学作品的翻译与传播有助于推动国际社会的文化交流与和谐发展。文学作品作为一种重要的文化载体，承载着民族的精神与文化传统。通过翻译，这些文学作品能够跨越语言和文化的障碍，传递着人类共同的情感与价值，促进了不同文化之间的交流与互动，为构建一个更加包容、和谐的国际社会奠定了基础。汉语言文学作品通过翻译与传播，向世界展现了中国人的生活、思想与情感，促进了不同文化之间的相互了解与尊重，推动了国际社会的文化交流与和谐发展。在未来，我们可以期待汉语言文学作为一种重要的文化资源，继续为促进世界文化交流与共同进步做出更大的贡献。

第二节　跨文化交流与文学国际传播

一、汉语言文学国际传播的内涵

汉语言文学国际传播承载了中国丰富的文化传统和历史底蕴，向世界传递了中国人民的生活方式、价值观念、情感体验等。通过文学作品的国际传播，促进了不同文化之间的交流与互鉴，增进了国际社会对中国文化的了解和尊重。汉语言文学国际传播通过翻译等

方式，将汉语作品传播到世界各地，帮助国外读者跨越语言和文化的障碍，真实地感受到中国文学的魅力和内涵。这有助于促进不同文化之间的相互理解与友好交往。汉语言文学国际传播不仅是对中国文学作品的传递，也是对中国精神和形象的传播。作品中蕴含的中国精神、民族性格和文化特色，可以通过国际传播赢得更多国外读者的认同和赞誉，提升中国在国际舞台上的形象和地位。汉语言文学国际传播促进了中国作家的全球视野和国际影响力。作家通过与国外读者的交流和反馈，拓展了自己的创作视野，吸取了其他文化的精华，创作出更具国际影响力的作品，推动了中国文学的发展与壮大。汉语言文学国际传播促进了国际文化交流与和谐发展。通过文学作品的国际传播，不同国家和地区之间的文化交流得以促进，增进了相互之间的理解和友谊，推动了国际社会的文化和谐发展。汉语言文学国际传播不仅是对中国文学作品的传递，更是对中国文化、精神和形象的传播，有助于促进国际文化交流与和谐发展，推动世界文化的多样性与共融。

二、跨文化交流与文学国际传播的形式

（一）探索共同文化价值观

汉语言文学作品的传播，不仅让国外读者更加深入地了解中国文化，也促使他们发现了自己与中国文化之间的共通之处。通过作品中展现的人性、情感和价值观念，国外读者能够发现自己与中国人民在人类共同价值观念上的共鸣与联系，从而增强了对中国文化的认同感。汉语言文学作品展现的人性与情感触动了国外读者的内心。国外读者通过阅读这些作品，能够产生共鸣，感受到自己与中国人民在人性与情感上的共通之处，进而加深对中国文化的理解与认同。汉语言文学作品所呈现的价值观念引发了国外读者的思考。中国文学作为一个源远流长的文化传统，蕴含着丰富的价值观念，如孝道、仁爱、诚信等。这些价值观念在文学作品中得到生动展现，成为作品的灵魂所在。国外读者通过阅读这些作品，不仅可以了解中国文化的价值观念，也能够反思自己所持有的价值观念，找到与中国人民共通的精神纽带，进而增强了对中国文化的认同感。汉语言文学作品所呈现的共同价值观念促进了文化交流与和谐发展。在全球化的今天，人类面临着诸多共同挑战与问题，如环境污染、贫富差距等。通过汉语言文学作品所呈现的共同价值观念，能够意识到人类在面对这些挑战时应该携手合作，共同应对。这种共同价值观念的传播与交流，促进了不同文化之间的相互理解与尊重，为构建一个更加和谐、共同发展的国际社

会奠定了基础。汉语言文学作品通过展现人性、情感和价值观念，让国外读者发现了与中国文化之间的共通之处，增强了对中国文化的认同感。这种共同文化价值观的探索与发现，促进了文化交流与和谐发展，为构建一个更加多元、开放的世界文化秩序作出了积极贡献。

（二）提升文化共鸣与理解

国外读者在阅读汉语言文学作品时，往往能够深刻地感受到中国文化的魅力与深刻内涵，从而产生共鸣和理解。这种共鸣与理解不仅仅是对于作品中所呈现的具体情节和人物的理解，更是对于作品背后所蕴含的文化精神和价值观念的认同和接纳。汉语言文学作品通过丰富多彩的情节和生动的人物形象，向国外读者展现了中国文化的多样性和丰富性。不论是古典作品还是现代作品，都蕴含着丰富的历史、传统和文化内涵。国外读者在阅读这些作品时，往往会被作品中所描绘的生动场景、复杂情感所吸引，从而产生共鸣和情感上的连接。汉语言文学作品所呈现的人物形象和价值观念常常具有普世性和共通性，这使得国外读者能够更容易地理解和认同。汉语言文学作品所蕴含的中国传统文化精髓和价值观念也是国外读者产生共鸣和理解的重要因素。

（三）加深文化交流与互动

由于对汉语言文学作品的文化认同感，国外读者更愿意与中国文化进行交流与互动，这为加深文化交流与互动提供了重要契机。他们会通过不同的方式进一步了解和学习中国文化，参与到汉语学习、文化活动或者线上讨论中，从而与中国人民建立起更加紧密的联系与友谊，促进了国际社会的文化交流与互动。

第三节 汉语言文学与文化的全球化推广

一、汉语言文学的全球化推广

（一）跨越语言和文化障碍

汉语言文学的全球化推广通过翻译和传播，极大地拓展了其影响力和受众范围。这一推广使得汉语文学作品能够跨越语言和文化障碍，被更广泛地传播到世界各地。这种现象不仅是对中国文学的一种肯定，也是世界文学交流与发展的重要组成部分。翻译扮演了关键角色。通过翻译，汉语文学作品得以转化为不同语言版本，使得其能够被更多不同语言背景的读者所理解和欣赏。翻译不仅仅是对文字的简单转换，更是对文学作品中文化内涵和语言风格的精准表达。只有经过优秀的翻译，汉语文学作品才能在跨文化交流中实现大化的传播效果。传播渠道的多样化也促进了汉语文学作品的全球化推广。随着互联网的普及，汉语文学作品可以通过在线平台、电子书店等渠道直接传播到全球各地，让更多的国外读者有机会接触和阅读。文学节、展览、讲座等活动为汉语文学的传播提供了重要的平台和机会。这种全球化推广使得国外读者能够真实地感受到中国文学的独特魅力和文化内涵。汉语文学作品所反映的历史、传统、价值观等元素，为国外读者呈现了一个真实而丰富的中国世界。国外读者通过阅读汉语文学作品，不仅能够了解中国的社会、风土人情，还能够深入思考人类共通的命运与情感，增进了对不同文化的理解和尊重。汉语文学作品的全球化推广，也为不同文化之间的相互了解和交流搭建了桥梁。通过汉语文学作品，国外读者可以窥见中国人民的生活方式、情感体验和精神追求，进而促进了不同文化之间的对话与交流。这种跨文化的交流与互动，有助于消除语言和文化隔阂，促进世界各国之间的和谐与共同发展。汉语文学作品的全球化推广通过翻译和传播，使得中国文学走向世界舞台，为世界各地的读者带来了独特的阅读体验。这种跨越语言和文化障碍的推广不仅促进了汉语文学作品在国际上的传播与接受，也促进了不同文化之间的相互理解与交流，为构建一个更加包容与和谐的世界贡献了力量。

（二）促进中国文化的传播和认知

汉语言文学作为中国文化的重要代表之一，在全球范围内的推广有助于推动中国文化在国际上的传播和认知。通过汉语文学作品，国外读者得以窥见中国的历史、传统、风土人情等方面，从而加深了对中国文化的认知和理解。汉语言文学作品通过展现丰富多彩的中国文化内涵，帮助国外读者更好地了解中国的历史和传统。在汉语文学作品中，作者常常以历史事件、古老传说或者现实生活为背景，通过人物塑造、情节编织等手法，生动地再现了中国古今的社会风貌和人民生活。汉语言文学作品还通过其独特的艺术表现形式和文学风格，吸引了国外读者的注意，进而促进了中国文化的传播和认知。中国古典文学的优美诗词、寓意深刻的成语，以及现代文学的丰富多样性，都展现了中国文化在文学领域的独特魅力和丰富内涵。汉语文学作为中国文化的重要组成部分，通过其全球化推广，有助于推动中国文化在国际上的传播和认知。通过作品对中国的历史、传统、生活和价值观念的展现，国外读者能够更全面地了解和理解中国文化的内涵和特点，从而促进了中外文化之间的交流与互动，推动了世界文化的多样性和繁荣。

（三）拓展国外读者群体

汉语言文学的全球化推广正在拓展国外读者群体，吸引了越来越多来自非汉语国家的读者对中国文学作品的关注和阅读。这一趋势不仅有助于作品的国际传播，还在国际文学界扩大了中国文学的影响力和声誉。随着全球化进程的加速，汉语言文学作品的翻译和传播渠道变得更加畅通和便捷，吸引了更多国外读者的目光。在过去，由于语言障碍和文化差异，许多非汉语国家的读者很少有机会接触和了解中国文学。然而，随着翻译技术的提升和全球化传播网络的建立，越来越多的中国文学作品被翻译成各种语言，并在国际出版市场上广泛流传。这使得非汉语国家的读者能够通过自己熟悉的语言阅读中国文学，增加了他们接触和理解中国文化的机会。汉语言文学作品的独特魅力和丰富内涵吸引了国外读者的注意。中国文学源远流长，积淀了丰富的文化底蕴和人文精神，其作品不仅在中国广受赞誉，也在国际文学界备受关注。作品中所呈现的深刻的人性描写、丰富的历史背景和独特的文化元素，吸引了越来越多的国外读者投入到中国文学的阅读之中。随着中国在国际舞台上的崛起和影响力的增强，对中国文学的关注也在不断增加。作为世界上古老的文明之一，中国拥有悠久的历史和丰富的文化遗产，其文学作品蕴含着丰富的文化内涵和人类智慧。国外读者希望通过阅读中国文学作品，更加深入地了解中国的历史、文化和价值观，以及中国人民的生活与情感。因此，对中国文学的关注和研究在国际上日益升温，这也为中国文学在国际上的推广和传播提供了广阔的舞台。汉语言文学的全球化推广正在吸引更多来自非汉语国家的读者对中国文学作品的关注和阅读。通过翻译和传播，作品不断拓展其国外读者群体，促进了中国文学在国际文学界的影响力和声誉的提升。

（四）推动汉语学习和文学研究

汉语言文学的全球化推广对于推动汉语学习和文学研究具有重要意义。随着中国的崛起和国际地位的提升，对汉语的学习和研究在世界范围内变得越来越受欢迎。在这一背景下，汉语言文学作品作为汉语语言和文化的重要载体，对于吸引国外读者学习汉语、深入了解中国文化起到了重要作用。汉语言文学作品作为学习汉语的有效途径，吸引了更多国外读者学习汉语。通过阅读汉语文学作品，国外读者不仅可以了解中国的语言特点和表达方式，还能够深入感受到汉语的魅力和美妙之处。这种通过文学作品学习语言的方式，不仅能够提高学习者的语言水平，还能够增加他们对中国文化的兴趣和了解。汉语言文学作品作为文学研究的重要资源，促进了对汉语言文学的深入研究和探讨。国外学者通过对汉语文学作品的阅读和分析，探讨其中所蕴含的文化内涵、历史背景和艺术特点，从而深入了解中国的语言和文学。这种对汉语文学的研究不仅有助于推动中国文学在国际上的学术交流和合作，还能够为世界各国的文学研究提供新的视角和思路。国外学者通过分析中国古代诗词来探讨中国文化的审美观念和价值取向，从而丰富了世界文学研究的内容。汉语文学作品的全球化传播也为汉语学习和文学研究提供了更多的资源和平台。随着汉语文学作品在国际上的传播和影响力的增加，国外读者可以更加方便地获取到丰富多样的汉语学习材料和文学作品。这些作品不仅可以作为汉语学习的教材和辅助资料，还可以作为研究汉语文学的重要参考资料。随着国际学术交流的深入，越来越多的国外学者将关注和研究汉语文学，为汉语学习和文学研究注入了新的活力和动力。汉语言文学的全球化推广对于推动汉语学习和文学研究具有重要意义。通过汉语文学作品的阅读和研究，国外读者可以更好地了解和学习汉语，加深对中国文化的认知和理解，促进了国际社会对中国语言和文学的关注和认同。

二、汉语言文化的全球化推广

（一）传承和弘扬中国传统文化

汉语言文化的全球化推广对于提升中国在国际舞台上的形象与地位起到了至关重要的作用。这一推广不仅包括语言的传播，更涉及中国文化的各个领域，如文学、艺术、历史等，通过这些方面的推广，中国的软实力和文化魅力得以展现，从而加强了国际社会对中国的了解和认同，为中国在国际事务中发挥更加积极的作用奠定了基础。汉语言文化的全球化推广使得国际社会更加了解中国的语言和文化。汉语作为世界上使用人口最多的语言之一，其传播促进了更多国际人士学习和了解汉语。随着越来越多的外国人学习汉语，他们对中国文化产生了浓厚的兴趣，并愿意深入了解中国的历史、传统、风俗习惯等方面。这种语言和文化的传播，有助于增进国际社会对中国的认知，从而提升了中国在国际舞台上的形象与地位。中国文学、艺术等方面的作品在国际上的推广也为中国树立了良好的文化形象。中国的绘画、音乐、戏曲等艺术形式也在国际上享有盛誉，为中国在国际文化领域树立了良好的形象。这些作品的传播不仅展示了中国文化的丰富内涵和深厚底蕴，也反映了中国人民的智慧和创造力，为国际社会呈现出了一个真实、多元且充满活力的中国形象。中国历史、哲学等方面的知识也通过各种途径传播到国际社会，为国际人士了解中国的传统文化和思想提供了便利。中国的传统文化如儒家思想、道家思想等在国际上备受关注，其对人类文明的贡献和影响引起了国际学术界的广泛关注。通过对中国传统文化的深入了解，国际社会更能够理解中国人民的价值观和行为逻辑，从而增进了对中国的尊重和认同。中国在国际舞台上积极参与国际事务，并为世界和平与发展做出了积极贡献，也为中国在国际社会中树立了良好的形象。汉语言文化的全球化推广通过语言、文学、艺术等多种形式的传播，有助于提升中国在国际舞台上的形象与地位。通过向国际社会展示中国的语言、文化、艺术等方面的独特魅力，中国更加受到国际社会的认可和尊重，为中国在国际事务中发挥更加积极的作用奠定了基础。

（二）促进文化交流与互鉴

促进文化交流与互鉴是当今世界面临的重要任务之一。在这个信息传播快速、全球化交流日益密切的时代，文化的传播与交流已经成为各国间增进了解、促进友谊、加强合作的重要途径。在这个过程中，汉语言文化的全球化推广发挥着重要作用，不仅有助于世界各国了解中国，也有助于中国更好地理解和尊重其他国家的文化，从而促进了文化多样性与和谐共存。汉语言文化的全球化推广为国际文化交流提供了重要平台。随着中国经济的崛起和国际地位的提升，汉语言文化在世界范围内得到了越来越广泛的关注和认可。越来越多的外国人开始学习汉语，了解中国的历史、文化、传统和价值观。通过汉语言文化的传播，国际社会得以深入了解中国的悠久历史、灿烂文化和丰富多彩的民俗风情，这有助于消除文化隔阂，增进国际友谊，推动世界各国之间的互相理解与信任。汉语言文化的全球化推广也为中国提供了更广阔的文化外交空间。中国作为世界上拥有悠久历史和灿烂文化的国家，其独特的文化资源成为中国开展文化外交的重要资本。通过在海外举办汉语教学、文化展览、艺术表演、电影放映等活动，中国积极推动汉语言文化的国际传播，加强了与其他国家的文化交流与合作。

随着中国经济的不断发展和国际地位的提升，中国的软实力日益凸显。通过推广汉语言文化，中国能够向世界展示自己的文化自信、文明形象和国际责任担当，提升自身在国际社会中的话语权和影响力。中国电影、电视剧、音乐、舞蹈等艺术作品在国际上获得了广泛的关注和赞誉，成为中国文化走向世界的重要窗口和载体，为中国树立了良好的国际形象，推动了国家形象的国际传播和塑造。汉语言文化的全球化推广也促进了国际文化交流与互鉴，有利于促进世界文化多样性与和谐共存。文化是人类的共同财富，不同文化之间的交流与互鉴有助于各国文明的共同繁荣与进步。通过与其他国家的文化交流与互鉴，中国能够吸收其他文化的精华，丰富自己的文化内涵，推动中国文化走向世界，同时，中国也能够通过自身文化的传播，向世界展示中国传统文化的魅力，促进世界文化的多元发展，推动不同文明之间的交流与融合，实现文化共生与共赢。汉语言文化的全球化推广对促进文化交流与互鉴、增进国际友谊与理解、提升国家形象与软实力具有重要意义。中国应继续加大对汉语言文化的国际推广力度，不断拓展国际文化交流的渠道与平台，为世界各国之间的文化交流与合作作出更大贡献，共同推动构建人类命运共同体的美好未来。

（三）提升中国在国际舞台的形象与地位

提升中国在国际舞台的形象与地位是当今中国外交战略的重要目标之一。在这个全球化、信息化的时代，国际舆论和国际社会对一个国家的认知和评价在很大程度上决定了该国在国际事务中的影响力和地位。汉语言文化的全球化推广作为中国软实力的重要组成部分，对提升中国在国际舞台上的形象与地位起到了积极的作用。汉语言文化的全球化推广有助于展示中国的软实力和文化魅力。作为世界上拥有悠久历史和灿烂文化的国家，中国在语言、文学、艺术等方面拥有丰富的文化资源。通过推广汉语言、中国文学、中国传统艺术等，中国能够向世界展示自己的文化自信和文明形象，让世界更加全面地了解和认识中国。中国古代文学作品，例如，《论语》《孙子兵法》等，在国际上都产生了深远的影响，为世界各国了解中国的思想文化传统提供了重要渠道。汉语言文化的全球化推广有助于增强国际社会对中国的了解和认同。随着中国经济的崛起和国际地位的提升，国际社会对中国的关注度与日俱增。通过推广汉语言、举办中国文化展览、艺术表演、电影节等活动，中国为国际社会提供了更多了解中国的机会，增进了国际社会对中国的认知和理解。这有助于消除国际社会对中国的误解和偏见，为中国在国际事务中发挥更加积极的作用创造了良好的外部环境。

汉语言文化的全球化推广也有助于加强国际人文交流与合作。语言是人类文明的重要载体，文化交流是增进各国人民之间相互了解和友谊的重要途径。通过推广汉语言、举办中国文化活动、培训外国汉语教师等方式，中国积极推动国际人文交流与合作，加深了中国与其他国家之间的文化交流与理解，促进了世界各国之间的和平与发展。汉语言文化的全球化推广也为中国在国际舞台上发挥更大作用提供了重要支撑。汉语的推广为中国在国际事务中的参与和发言提供了便利条件，随着越来越多的外国人学习汉语，中国与其他国家之间的交流与合作也日益加深。通过汉语言文化的全球化推广，中国能够更好地参与国际事务，为世界和平、稳定与繁荣作出更大贡献。

（四）促进人文交流与友谊

促进人文交流与友谊是推动世界各国相互了解、增进友好关系的重要途径。在当今世界，汉语言文化的全球化推广扮演着促进国际人文交流与友谊的重要角色。通过汉语言、文学、艺术等形式的交流，不同国家的人民之间建立了更紧密的联系和友谊，增进了相互之间的理解和信任，有助于构建和谐稳定的国际社会。汉语言文化的全球化推广为世界各国人民之间的沟通与交流提供了重要平台。汉语不仅在中国得到了广泛应用，也在世界范围内拥有大量的学习者和使用者。随着中国的崛起和国际地位的提升，汉语的地位在国际舞台上也日益突出。越来越多的外国人开始学习汉语，通过汉语学习了解中国的语言、文化、历史和传统。这种语言交流不仅有助于外国人更深入地了解中国，也为中国人民与世界各国人民之间的沟通和交流提供了便利条件，促进了人文交流与友谊的深入发展。汉语言文化的全球化推广也促进了文学、艺术等形式的人文交流与合作。中国拥有悠久的文学艺术传统，中国古代诗词、文学作品、传统音乐、舞蹈等在世界上享有盛誉。通过推广中国文学艺术作品、举办艺术展览、文化节等活动，中国为世界各国人民提供了更多了解中国文化、感受中国艺术魅力的机会。这种文化交流不仅能够丰富世界各国人民的文化生活，也能够增进各国人民之间的情感交流与理解，促进人文友谊的形成与加深。汉语言文化的全球化推广还有助于加强国际教育合作与交流。随着汉语国际教育的发展，越来越多的外国学生选择到中国学习汉语、了解中国文化。通过这种教育交流，不仅能够帮助外国学生更好地了解中国，也能够促进中国与其他国家之间的学术交流与合作，增进人民之间的友谊与互信。汉语言文化的全球化推广也有助于加深国际社会对中国的认知与理解。通过汉语言、文学、艺术等形式的交流，国际社会能够更全面地了解中国的历史、文化、价值观念等，消除对中国的误解和偏见，增进对中国的信任与友好。这有助于构建和谐稳定的国际社会，为各国之间的和平合作提供了重要基础。汉语言文化的全球化推广促进了国际人文交流与友谊的发展，有助于构建和谐稳定的国际社会。为促进世界各国人民之间的友谊与合作作出更大贡献，共同推动构建人类命运共同体的美好未来。

（五）推动全球文化多样性与共融

推动全球文化多样性与共融是当前国际社会面临的重要任务之一。在这个信息交流快速、全球化程度不断提高的时代，各种文化之间的交流与互动变得愈发频繁与密切。在这个过程中，汉语言文化的全球化推广发挥着重要作用，推动了全球文化多样性与共融的进程。通过汉语言文化的传播，各国人民可以更全面地了解不同文化之间的异同，增进相互之间的尊重和包容，为构建一个多元和谐的世界文化秩序作出了积极贡献。汉语言文化的全球化推广为世界各国人民提供了了解中国文化的机会。中国作为一个拥有悠久历史和灿烂文化的国家，其文化资源丰富、内涵深厚。通过推广汉语言、传播中国文学、艺术、哲学等，世界各国人民可以更加深入地了解中国的历史、传统、价值观念等方面，从而增进对中国文化的理解与尊重。这种对中国文化的了解与尊重，有助于打破文化隔阂，促进各国之间的文化交流与互动，为全球文化多样性与共融奠定了基础。汉语言文化的全球化推广也为世界各国人民提供了学习和借鉴的机会。

越来越多的外国人开始学习汉语，通过汉语学习了解中国文化，这不仅有助于促进各国人民之间的沟通与交流，也为各国人民提供了了解中国传统文化、借鉴中国发展经验的机会。中国的文学、艺术、哲学等方面为世界各国的文化创作和发展提供了重要参考和启示，促进了各国文化之间的交流与互鉴，推动了全球文化的共融与发展。汉语言文化的全球化推广还有助于增进各国人民之间的友谊与互信。文化交流是增进人民之间相互了解与友谊的重要途径。通过汉语言文化的传播，各国人民可以更加深入地了解彼此的文化、历史、价值观等，增进相互之间的理解和尊重，促进友谊与互信的建立。这有助于消除文化隔阂，减少文化冲突，为国际社会的和平与稳定作出了积极贡献。汉语言文化的全球化推广也为全球文化多样性与共融提供了重要机遇。在全球化的背景下，各种文化之间的交流与互动日益频繁与密切。通过汉语言文化的传播，世界各国人民可以更好地了解和欣赏其他文化，增进相互之间的尊重和包容，推动各种文化之间的融合与共生，促进全球文化多样性与共融的进程。汉语言文化的全球化推广推动了全球文化多样性与共融的进程，为构建一个多元和谐的世界文化秩序作出了积极贡献。汉语言文化的全球化推广对于世界文化的交流与融合、促进文化交流与互鉴、提升中国在国际舞台的形象与地位，以及推动全球文化多样性与共融都具有重要的意义和价值。

第四节　文学创作中的文化认同与多元主义

一、汉语言文学创作中的文化认同

（一）传统文化的认同

许多汉语言文学作品通过对传统文化元素的引用和对传统价值观的反映，表达了对传统文化的认同。这涵盖了对古典文学、历史传统、哲学思想等方面的深刻理解与继承。汉语言文学创作中的文化认同是作家在创作过程中对传统文化的深刻认知和积极继承的体现。通过对古典文学、历史传统、哲学思想等元素的引用，汉语言文学作品传达了作家对传统文化的认同，展现了文学创作中对文化传承的探索和表达。许多作家通过对古典文学的引用，将传统文学元素融入现代文学创作中。古典文学作为中国文学的重要组成部分，包括了经典诗词、古典小说等形式。在现代文学中，作家通过引用古典文学中的经典作品或传统文学风格，展现了对传统文学的尊重和继承。这种引用不仅是对传统文学的致敬，也为作品注入了传统文学所特有的意蕴和韵味，丰富了文学作品的内涵。历史传统在汉语言文学创作中也起到了重要的作用。作家通过对历史事件、人物的描写，反映了对历史传统的关注和理解。历史传统不仅是汉语言文学作品中的题材，更是作家对文化记忆和传承的思考。通过对历史的深入挖掘和再现，文学作品既能够展现出历史的丰富多彩，又能够使读者对传统文化产生更深层次的认同感。哲学思想的引用使得汉语言文学作品更具深度和思考性。哲学思想不仅为文学作品提供了深刻的内涵，也为作品中的人物形象赋予了丰富的内心世界。通过对哲学思想的深刻理解和运用，汉语言文学作品能够在探讨人生、价值观等方面展现丰富的层次。对传统价值观的反映也是汉语言文学创作中的重要方面。通过对传统道德观念、家国情怀等的表达，作家传递了对传统价值观的认同和传承。这种对传统价值观的反映既是对社会伦理的思考，也是对文化传统的延续。在现代社会变革的背景下，对传统价值观的反映成为汉语言文学作品中一个引人深思的议题。汉语言文学创作中的文化认同通过对传统文化元素的引用和对传统价值观的反映，展现了作家对传统文化的深刻理解和积极继承。这种文化认同不仅为文学作品注入了深厚的文化底蕴，也为读者提供了更多品味传统文化的机会。在传承与创新的过程中，汉语言文学作品在丰富自身内涵的同时，也为传统文化的传承注入了新的生机。

（二）地域文化的认同

汉语言文学作品通过地域文化的描绘，常常展现了作者对特定地域文化的深刻认同。这种认同不仅表现在对地方方言、风土人情的生动描写上，还反映在对地域特色的深刻把握上。汉语言文学创作中，地域文化的认同是作家对家乡、故土的深切情感和文化认知的表达。通过对特定地域文化的描绘，作家展示了对家乡的独特理解和深厚感情，使作品更富有生活气息和地域特色。对地方方言的生动描写是汉语文学创作中常见的表达地域文化认同的手法之一。方言作为地域文化的一部分，是人们在特定地域中形成的语言形式，承载着深厚的文化内涵。通过对地方方言的生动描写，作品不仅能够呈现出真实的语言环境，更能够让读者感受到作者对家乡语言的深切眷恋和对文化传统的珍视。这种生动的方言描写使作品更具地域性，增强了读者的身临其境感。对风土人情的描绘是表达地域文化认同的重要方式。作家通过对当地的生活方式、传统习俗、人际关系等方面的描写，展现了对家乡风土人情的独特理解和深切情感。这种描绘不仅使作品更具生活化，还能够让读者更好地了解和感受作者对家乡文化的深刻认同。通过对风土人情的细腻描写，作家成功地将地域文化融入文学作品中，使作品具有丰富和具体的地域特色。对地域特色的深刻把握体现了作家对家乡文化的深刻认同。作家通过对地方的历史、传统产业、地标建筑等方面的把握，展现了对家乡特色的独到见解。这种深刻把握不仅表达了作家对地域文化的认同，也为读者提供了对特定地域的全面了解。通过对地域特色的细致描写，作品不仅具有独特性，还能够成为文学作品中的一份珍贵的文化遗产。汉语言文学作品中的地域文化认同是作家对家乡文化的深切感情和独特认知的表达。通过对地域方言、风土人情、地域特色的生动描写和深刻把握，作家成功地将家乡文化融入文学作品中，使其更具地域性和文化底蕴。这种地域文化认同不仅丰富了文学作品的内涵，也为读者提供了深入了解和体验不同地域文化的机会。

（三）当代社会的认同

当代汉语言文学作品通常关注社会变迁、现代生活等主题，表达对当代社会文化的认同。作家通过对社会现象、科技进步、都市生活等方面的描绘，反映出对当代社会的理解与认同。在当代汉语文学创作中，作家通过对社会变迁、科技进步、都市生活等方面的描绘，表达了对当代社会文化的深刻认同。这种认同既体现在对当代社会的理解，也表现在对社会现象的关切和对现代生活的真实展现。对社会变迁的描绘是当代汉语文学创作中的重要方面。作家通过对社会发展历程的揭示，展示了对当代社会变迁的深刻理解。通过对社会变迁的生动描写，作家传达了对社会发展方向的思考与认同，使作品更具时代感和社会关怀。科技进步在当代文学作品中得到了广泛的反映。作家通过对科技发展、信息社会、人工智能等主题的处理，展示了对现代科技的认同与思考。这既包括对科技带来便利的赞美，也包含对科技发展带来的挑战和反思。通过对科技进步的细腻描绘，作品反映了作家对当代科技社会的深入洞察，表达了对科技文明的复杂情感。都市生活是当代文学创作中一个备受关注的主题。通过对都市的生活状态、城市文化的表现，作家展现了对现代都市生活的认同。都市生活作为当代社会的缩影，涵盖了人际关系、职场压力、文化碰撞等多个方面。作家通过对都市生活的描绘，不仅展示了对城市文明的理解，也呈现了对都市人群生存状态的思考与感悟。对社会现象的关切也是当代汉语文学创作中的一大特色。作家通过对社会变迁、科技进步、都市生活等方面的描绘，展示了对当代社会文化的深刻理解。这种认同既反映了作家对时代的敏锐洞察，也使作品具有深远的社会意义。通过文学的表达，作家为读者呈现了一个丰富而真实的当代社会画卷，激发着人们对社会、文化、人性的深入思考。

二、汉语言文学创作中的多元主义

（一）文化元素的多样

汉语言文学作品中，作家可以巧妙地融入丰富的文化元素，包括传统文化、地域文化、少数民族文化等。通过这些元素的多样性，作品呈现出丰富的文化底蕴，吸引着读者感受不同文化的魅力。在汉语言文学的创作中，作家巧妙地融入了多种多样的文化元素，创造出了丰富多彩的文学作品。这些文化元素包括传统文化的精髓、地域文化的独特风情以及少数民族文化的丰富内涵，共同构筑了作品的多元主义，为读者呈现出一幅绚丽多彩、充满文化魅力的文学画卷。传统文化元素的融入使得汉语文学作品更具深度和内涵。作家通过对经典诗词、古代典故、传统艺术等方面的引用和运用，使作品在情感、意境和思想层面得以丰富。这种传统文化的融入既是对历史文化的尊崇，也是对传统智慧的传承。读者在阅读中可以感受到传统文化的韵味，同时也能够更好地理解和体验其中蕴含的文化内涵。地域文化的多样性为汉语文学作品增添了生动的色彩。作家通过对不同地域的特色、风土人情的描写，使作品具有鲜明的地方特色。这既包括对城市、乡村的描绘，也包括对不同地域的历史文化传统的呈现。读者可以通过作品深入感受到各地独特的文化氛围，进而产生对多样地域文化的兴趣和认同。汉语文学作品中的多元主义还涵盖其他各种文化元素的交融，如现代文化、流行文化等，使得作品更具时代感和包容性。这种文化元素的多样性为读者提供了广阔的文化视野，使阅读成为一次丰富而有趣的文化体验。汉语文学创作中的多元主义通过对传统文化、地域文化等多样文化元素的融合，为作品注入了丰富和深刻的文化底蕴。这种多元主义不仅展现了作家对多元文化的包容态度，也为读者提供了一个开放、多元的文学世界，促使人们更好地理解、尊重和欣赏不同文化的独特之处。

（二）多语言的运用

在汉语言文学创作中，多元主义表现在对多语言的灵活运用上。作家巧妙地融合方言、外语等多语言元素，创造出更具地域特色和国际化的语言环境，使作品更具深度。汉语言文学作品中的多元主义不仅表现在对多样文化元素的融合，也在对多语言的灵活运用上展现出丰富的表现力。作家通过巧妙地融合方言、外语等多语言元素，为作品赋予了更具地域特色和国际化的语言环境，使其更生动和多样。方言的运用是多元主义在语言层面的体现之一。中国地域辽阔，各地方言丰富多样，代表着不同的地域文化。作家通过巧妙地运用方言，使人物的语言更具地域特色，同时也为作品增添了鲜明的文化色彩。方言的使用使作品更富有生活气息，读者能够感受到地方文化的独特魅力，增强了作品的表现力和感染力。外语的引入为作品增色不少。在全球化的时代，文学作品的创作不再受限于单一语言，作家可以自由运用多国语言，创造出更具国际化的作品。通过在作品中穿插引用外语，作家可以传达更广泛的文化信息，展现对多元文化的尊重和热爱。这种语言的多样性让作品更具时代感，也让读者更好地体验到文学作品的全球性。作家还通过对古老文言文的运用，使作品更具历史深度和传统文化的底蕴。通过巧妙地穿插古文，作家既展示了对传统文学的继承，又为作品增加了一层独特的文化内涵。这种多语言的灵活运用使得作品在语言表达上更多元，更能够贴近不同读者的语言背景和阅读习惯。汉语言文学创作中的多元主义通过对方言、外语等多语言元素的灵活运用，为作品注入了丰富和生动的语言特色。这种语言上的多元主义不仅丰富了文学作品的形式，也为读者提供了多元的语言体验。通过多语言的运用，作家成功地打破了语言的单一局限，使作品更富有包容性和时代性。

（三）不同价值观的呈现

在汉语言文学创作中，多元主义通过作品呈现不同社会群体、个体的多元价值观，通过角色之间的对话、行为反映社会多元化，展示不同文化、代际、性别等层面的价值观差异。汉语言文学创作中的多元主义不仅体现在文化元素和语言的多样性上，还在作品中呈现了不同社会群体、个体的多元价值观。通过角色之间的对话、行为，作家反映了社会的多元化，展示了不同文化、代际、性别等层面的价值观差异，使作品更具深度和广度。

文学作品通过塑造丰富多彩的角色，展示了不同社会群体之间的多元价值观。作家通过刻画不同职业、背景、经历的人物形象，使作品中的角色拥有各自独特的人生观、价值观。这种多元性让读者更好地理解和接受不同社会群体之间存在的差异，为文学作品注入了更立体和真实的元素。代际之间的价值观差异也是作品中的一个重要主题。通过描绘不同年龄层次的角色，作家展示了在不同时期成长的人们对于生活、理想、责任等方面的不同看法。这种代际之间的对比既是对历史演变的呈现，也是对社会变革的反思。通过将不同代际的价值观差异融入作品，作家使作品更具时代感，同时也引发读者对社会发展的思考。性别层面的价值观差异也常常成为文学作品的一大亮点。通过描绘男女角色在家庭、职场等方面的不同处境和对生活的不同期待，作家展示了性别层面的多元性。这种呈现不仅帮助读者更深刻地理解性别角色在社会中的角色分工和社会期望，同时也对性别平等、尊重差异的价值观提出了反思。作品还通过描绘不同社会群体之间的冲突、融合，呈现出更复杂和真实的社会图景。通过展示社会中的多元文化、多元价值观之间的互动，作家为读者提供了更丰富和全面的社会观察，引导人们更好地理解和尊重多元社会中存在的差异。汉语言文学创作中的多元主义通过呈现不同社会群体、个体的多元价值观，使作品更贴近真实社会，更能够引发读者对社会、人性、文化的深入思考。这种价值观的多元性不仅丰富了文学作品的内涵，也为读者提供了一个开放、包容的文学空间，使人们更好地理解和尊重社会的多样性。

第五章　数字技术对汉语言文学与文化融合的影响

第一节　数字技术在汉语言文学与文化融合中的角色

一、数字技术的概念

数字技术是当今社会中不可或缺的一项重要技术，它以数字信息和数字化方法为基础，涵盖了广泛的应用领域，包括数据处理、存储、传输、表达和展示等多个方面。随着科技的飞速发展，数字技术已经深刻地改变了我们的生活方式、工作方式以及社会结构。

二、数字技术在汉语言文学中的角色

（一）汉语言文学创作与交流平台

数字技术的发展为汉语言文学作家提供了前所未有的便捷和广阔的创作与交流平台。随着互联网的普及和社交媒体的兴起，各种网络文学平台、社交平台以及数字出版平台为汉语言文学作家创作、发表作品、与读者交流提供了更加直接、即时的渠道。这种数字化的创作与交流方式促进了作家与读者之间的互动，加速了作品的创新和发展，使得汉语言文学在数字时代焕发出新的生机与活力。

数字技术为汉语言文学作家提供了更广阔的创作平台。传统上，汉语言文学作家需要通过纸质书籍、杂志等传统媒体来发表作品，限制了作品的传播范围和受众数量。随着数字技术的发展，各种网络文学平台、数字出版平台为作家提供了便捷和开放的发表渠道。作家可以通过这些平台自由发表作品，无论是小说、诗歌、散文还是其他文学形式，都能够迅速传播到全球各地，吸引更多读者的关注和阅读，为作品的传播打开了新的空间。数字技术促进了作家与读者之间的直接互动。在传统的纸质出版模式中，作家往往难以直接

与读者进行交流和互动，只能通过媒介或书信来获取读者的反馈。在数字化时代，各种社交媒体和网络文学平台为作家与读者之间建立了紧密的联系。作家可以在社交平台上与读者进行即时互动，分享创作心得、接受读者提问、回应读者评论等。这种直接互动不仅增进了作家与读者之间的情感沟通，也为作家提供了更多的创作灵感和素材来源，有助于作品的创新和发展。数字技术还为汉语言文学作家提供了更多的创作工具和资源。随着数字化工具和软件的不断发展，作家可以借助各种创作软件、云存储服务、在线写作工具等，更加便捷地进行创作和编辑。专业的写作软件可以帮助作家提高写作效率和质量，云存储服务可以帮助作家随时随地存储和管理作品，在线写作工具可以帮助作家与合作者共同协作完成作品。这些数字化工具和资源为作家提供了更加便捷、高效的创作环境，有助于提升作品的质量和水平。数字技术也为汉语言文学作家提供了更广泛的读者群体和市场。在传统的纸质出版模式中，作品的传播受限于出版商的资源和渠道，难以触及更广泛的读者群体。在数字化时代，通过网络文学平台、社交媒体等数字渠道，作品可以迅速传播到全球各地，吸引更多读者的关注和阅读。特别是在移动互联网普及的今天，人们可以随时随地通过手机、平板电脑等设备阅读作品，扩大了作品的受众范围和市场规模。这为作家带来了广阔的发展空间和商业机会，也为文学作品的传播提供了更加广阔的平台。数字技术为汉语言文学作家提供了更加便捷和广阔的创作与交流平台，促进了作品的创新和发展，加速了文学创作的数字化转型。作家应充分利用数字技术的优势，积极参与数字化创作与交流，不断推动汉语言文学的发展与繁荣，为丰富人们的精神文化生活作出更大的贡献。

（二）汉语言文学数字化研究与挖掘

数字技术的发展为汉语言文学的研究提供了新的工具和方法，使得研究人员可以更加方便地收集、整理和分析大量的文学资料，从而挖掘出更多的文学现象和规律，推动了汉语言文学研究的深入推广。数字化文献库、文本分析软件等工具在汉语言文学数字化研究与挖掘方面发挥着重要作用。数字化文献库为汉语言文学研究提供了丰富的文献资源。传统上，研究人员需要费时费力地从各种书籍、期刊、文集中收集文学资料，限制了研究的范围和深度。数字化文献库通过数字化、网络化的方式，将大量的文学作品、评论、研究资料等文献资源整合在一个平台上，使得研究人员可以通过电子检索、下载等方式方便地获取所需的文献资料。国家图书馆、国家图书馆数字文化馆、学术期刊数据库等提供了丰富的数字化文学资源，为汉语言文学研究提供了重要的支撑。文本分析软件为汉语言文学研究提供了强大的分析工具。传统上，研究人员需要手动阅读、分析文学作品，费时费力且效率低下。文本分析软件通过自然语言处理、机器学习等技术，可以对大量的文本数据进行快速、自动化的处理和分析。文本挖掘技术可以帮助研究人员从大量的文学作品中挖掘出关键词、主题、情感倾向等信息，揭示文学作品的内在规律和特点。

此外，文本分析软件还可以进行文本相似度比较、主题模型分析、情感分析等操作，为汉语言文学研究提供了深入的视角和方法。数字化研究平台为汉语言文学研究提供了开放的交流与合作空间。传统上，研究人员往往通过学术期刊、学术会议等方式进行学术交流与合作，受到地域、时间等限制。数字化研究平台如学术社交网络、在线论坛等则打破了传统的交流模式，使得研究人员可以通过网络平台随时随地与全球范围内的同行进行交流和合作。这种开放的交流与合作空间为汉语言文学研究带来了更多的合作机会和创新思路，促进了汉语言文学研究的国际化和多样化发展。数字化研究方法为汉语言文学研究提供了新的视角和思路。数字化技术的发展使得研究人员可以从广泛和深入的角度来审视文学作品。文本挖掘技术可以帮助研究人员发现文学作品中的隐含主题和情感倾向，揭示文学作品的深层含义和价值。此外，数字化研究方法还可以结合其他学科的知识和技术，如计算机科学、心理学等，为汉语言文学研究带来跨学科的创新思维和方法。数字技术为汉语言文学研究提供了新的工具和方法，促进了汉语言文学研究的数字化、智能化和国际化发展。汉语言文学研究人员应充分利用数字技术的优势，深入开展数字化研究与挖掘工作，推动汉语言文学研究的创新和发展，为汉语言文学的传承与创新作出更大的贡献。

（三）汉语言文学创作工具与辅助

数字技术的快速发展为汉语言文学的创作提供了丰富多彩的工具和辅助手段，使得作家可以更加高效地进行创作、编辑和发布，同时也为创作提供了更多的灵感和可能性，促进了文学创作的多样化和丰富化。文字处理软件、创作平台、在线资源库等工具在汉语言文学创作中发挥着重要作用。文字处理软件是汉语言文学创作的基本工具之一。文字处理软件如Microsoft Word、WPS等提供了方便、灵活的文字编辑环境，作家可以在其中进行文学作品的撰写、修改和排版。文字处理软件具有丰富的排版功能和格式设置选项，使得作家可以根据需要调整字体、字号、段落间距等，满足不同作品的排版需求。文字处理软件还提供了自动保存、版本控制等功能，避免了作品丢失和误操作带来的损失，保障了创作的安全和稳定。创作平台为汉语言文学作家提供了在线创作和发布的平台。随着互联网的普及和社交媒体的兴起，各种创作平台如微博、知乎、简书等为作家提供了展示作品、与读者交流的机会。作家可以在这些平台上发布自己的作品，与读者进行交流和互动，获取读者的反馈和评论。

创作平台的开放性和互动性为作家提供了更广泛的创作平台和读者群体，促进了作品的传播和影响力的扩大。在线资源库为汉语言文学创作提供了丰富的素材和参考资料。随着数字化技术的发展，越来越多的文学作品、文学评论、学术论文等资源被数字化并上传到网络上。作家可以通过搜索引擎、在线图书馆等渠道方便地获取到这些资源，为自己的创作提供灵感和参考。在线资源库不仅包括了传统文学作品，还包括了各种形式的文学评论、文学研究成果等，为作家提供了更多的背景知识和文学理论支持，丰富了作品的内涵和深度。创作辅助工具为汉语言文学创作提供了更多的可能性和创新空间。随着人工智能技术的发展，各种智能创作辅助工具如语音输入、智能推荐、自动摘要等正在逐渐成为作家的利器。语音输入技术可以帮助作家将口述的内容转换成文字，提高了创作的效率和舒适度。智能推荐技术可以根据作家的创作风格和偏好推荐相关的素材和参考资料，拓展了作家的创作思路和想象空间。自动摘要技术可以帮助作家对作品进行自动摘要和提炼，提高了作品的精练程度和可读性。数字技术为汉语言文学创作提供了丰富多彩的工具和辅助手段，使得作家可以更加高效地进行创作、编辑和发布，同时也为创作提供了更多的灵感和可能性，促进了文学创作的多样化和丰富化。作家应充分利用这些数字化工具和辅助手段，不断探索创新，丰富汉语言文学的创作形式和内容，为文学事业的繁荣和发展作出更大的贡献。

三、数字技术在汉语言文化融合中的角色

（一）语言学习与交流平台

数字技术为汉语言文化融合提供了便捷的语言学习和交流平台，通过在线学习平台、语言交流社区、翻译工具等数字化工具，非华裔人士可以更容易地学习汉语，了解中国文化，促进了不同文化之间的语言交流与沟通。在线学习平台为汉语言文化的学习提供了便捷的途径。随着互联网的普及和在线教育的发展，越来越多的在线学习平台提供了丰富多样的汉语言文化课程，涵盖了汉语初级、中级、高级等不同水平的课程内容。这些在线学习平台不仅提供了高质量的教学资源和学习材料，还可以根据学习者的需求和兴趣提供个性化的学习计划和辅导服务，使得学习者可以在家中轻松学习汉语，提高汉语水平。语言交流社区为汉语言文化的交流提供了广阔的平台。随着社交媒体的兴起和普及，各种语言交流社区汉语言交流平台吸引了越来越多的用户加入。这些语言交流社区不仅为汉语学习者提供了与母语人士交流的机会，还为母语人士提供了与学习者交流的平台，促进了双方

之间的语言交流与沟通。通过语音、文字、图片等多种形式的交流，学习者可以与汉语母语人士进行实时互动，提高汉语口语表达能力，增进对中国文化的了解和体验。

翻译工具为汉语言文化的传播提供了便利的工具。随着翻译技术的不断进步和智能化，各种翻译工具如谷歌翻译、百度翻译等为非汉语母语人士提供了快速、准确的汉语翻译服务。这些翻译工具支持多种语言的翻译，可以实时翻译文字、语音、图片等多种形式的信息，使得非汉语母语人士可以更方便地了解汉语言文化，与汉语母语人士进行交流与互动。数字化工具还为汉语言文化的传播提供了丰富多样的内容形式。随着数字技术的发展，各种形式的数字内容如短视频、网络小说、音频节目等在汉语言文化的传播中扮演着越来越重要的角色。这些数字内容形式丰富多样，既吸引了年轻人的关注和参与，又使得汉语言文化更加生动、具体，为非华裔人士更好地了解和体验中国文化提供了新的途径和渠道。数字技术为汉语言文化的融合提供了便捷的语言学习和交流平台，通过在线学习平台、语言交流社区、翻译工具等数字化工具，非华裔人士可以更容易地学习汉语，了解中国文化，促进了不同文化之间的语言交流与沟通。随着数字技术的不断发展和普及，汉语言文化的传播将更加便捷、高效，为推动中国文化走向世界提供了新的动力和机遇。

（二）汉语言文化信息传播与交流

数字技术为汉语言文化的传播与交流提供了广泛的平台，包括网络媒体、社交平台、在线文化论坛等，这些平台使得汉语文化可以更快速、更广泛地传播到世界各地，促进了不同文化之间的相互了解与尊重，推动了文化多样性与共融。网络媒体是汉语文化传播的重要渠道之一。随着互联网的普及，各种汉语网络媒体如新闻网站、视频网站、博客平台等在全球范围内吸引了大量的用户。这些网络媒体通过报道、评论、访谈等形式向世界传播中国的政治、经济、文化等方面的信息，让更多的人了解中国、关注中国，为汉语文化的传播提供了有力的支撑。网络媒体的开放性和互动性为文化交流提供了更广阔的平台，各种文化观点和理念在网络空间得以交流和碰撞，推动了文化的多元发展。社交平台成为汉语文化交流的重要场所。各种社交平台如微信、微博、Facebook 等为用户提供了即时通讯、信息分享、互动交流的功能，使得用户可以方便地分享自己对汉语文化的理解和体验，与他人交流意见和感受。通过社交平台，用户可以建立起跨越地域和国界的联系，与来自不同文化背景的人交流，增进相互之间的了解和尊重，促进了文化的融合与共生。在线文化论坛为汉语文化传播与交流提供了专业化的平台。各种文化论坛如知乎、豆瓣等聚集了大量的文化爱好者和专业人士，通过讨论、分享、评价等形式探讨各种文化现象和问题。这些在线文化论坛不仅为用户提供了获取文化信息和知识的渠道，还为用户提供了表达观点、交流思想的平台，促进了文化思想的碰撞与交流，推动了文化的创新与发展。数字化工具如在线翻译、语音识别等为汉语文化的传播与交流提供了便捷的技术支持。在线翻译工具可以帮助非汉语母语者更轻松地理解汉语内容，跨越语言障碍，促进了汉语文化的传播与接受。语音识别技术可以帮助用户更便捷地输入和发表汉语言文化内容，提高了用户的交流效率和体验，加速了文化信息的传播和交流。数字技术为汉语言文化的传播与交流提供了广泛的平台和便捷的工具，通过网络媒体、社交平台、在线文化论坛等渠道，汉语文化可以更快速、更广泛地传播到世界各地，促进了不同文化之间的相互了解与尊重，推动了文化多样性与共融。

（三）艺术创作与传播

数字技术为汉语言文化融合提供了创作和传播的新途径，通过数字化的艺术展示平台、在线文学创作社区、数字化媒体等渠道，汉语言文学、音乐、绘画等艺术形式可以跨越语言和地域的限制，与世界各地的文化相互交流，促进了文化创新与共享。数字化的艺术展示平台为汉语言文化的传播提供了全新的空间。随着数字技术的发展，各种在线艺术展览平台如虎扑、艺术家联盟、艺术北京等平台涌现出来，为艺术家们提供了展示作品、与观众互动的机会。这些在线艺术展览平台不仅具有全球性的影响力和覆盖面，还为艺术家们提供了更多样化的展示形式和交流机会，使得汉语言文化的艺术作品可以更广泛地被世界观众所了解和欣赏。在线文学创作社区为汉语文学的创作与传播提供了新的平台。各种在线文学社区等为作家提供了展示作品、交流创作经验的空间，吸引了大量的文学爱好者和读者加入。这些在线文学社区不仅为作家提供了丰富多样的创作灵感和素材，还为读者提供了更方便快捷的阅读体验和互动交流的机会，促进了汉语文学的创新与传承。数字化媒体为汉语言文化的传播提供了便捷的途径。随着互联网和智能手机的普及，各种数字化媒体如短视频平台、音频节目、社交媒体等成为人们获取信息和娱乐的主要渠道。艺术家们可以通过这些数字化媒体传播自己的作品和创意，吸引更多的观众和粉丝，实现与观众的直接互动和沟通。这种数字化媒体的传播方式不仅扩大了汉语言文化的影响力和传播范围，还为艺术家们提供了更广泛的创作和表达空间。数字技术还为艺术创作提供了更丰富多彩的形式和表现手段。数字艺术、虚拟现实、增强现实等新兴艺术形式在汉语言文化的传播与创作中崭露头角，为艺术创作注入了新的活力和创意。这些数字化的艺术形式既拓展了艺术的表现空间，又丰富了观众的视觉和审美体验，促进了汉语言文化与世界其他文化的交流与互动。数字技术为汉语言文化融合提供了创作和传播的新途径，通过数字化的艺术展示平台、在线文学创作社区、数字化媒体等渠道，汉语言文学、音乐、绘画等艺术形式可以跨越语言和地域的限制，与世界各地的文化相互交流，促进了文化创新与共享。随着数字技术的不断发展和普及，汉语言文化的艺术创作与传播将会呈现更加丰富多彩的形式和内容，为推动中国文化的繁荣和发展作出新的贡献。

第二节　汉语言文学数字化与在线传播

一、汉语言文学数字化的概念

汉语言文学数字化是一种基于现代数字技术的全新发展方向，其核心目标是将传统的汉语文学在创作、传播和研究等方面融入数字化的框架中，以更好地适应当代信息化社会的需求。这一趋势涵盖了多个层面，从作品创作到文学研究，再到文学作品的全球传播，数字技术的应用为汉语言文学开启了新的篇章。汉语言文学数字化的第一个层面是作品的数字化创作。作家和诗人可以借助现代数字工具进行创作，采用文字处理软件、数字化绘画工具等，使创作过程高效和灵活。数字化创作工具不仅提供了更直观的表达方式，还为艺术创作者提供了更多实验和创新的空间。数字技术为汉语言文学作品的传播提供了全新的途径。电子书和数字图书馆成为文学作品数字呈现的主要平台，读者可以随时随地通过电子设备访问作品。在线文学平台则使得作品更容易被广泛传播，不再受限于传统纸质出版。这一数字化的传播方式使得更多的读者能够参与到文学的交流和互动中。数字技术为文学研究者提供了强大的工具。数字化文献库、文本分析工具等工具使研究者能够更快速、更全面地进行文学分析。

数字人文学作为交叉学科，通过数字手段挖掘文学作品中的文化、历史、社会等方面的信息，推动文学研究走向更深层次。数字技术的应用突破了语言和地域的限制，促进了不同文化之间的交流。机器翻译技术使得汉语言文学更容易被翻译成其他语言，推动了作品在全球范围内的传播。在线社交平台和文学社区为不同文化的作品提供了展示和分享的空间，实现了跨文化的数字化交流。数字技术的应用在文学教育领域也产生了深远的影响。通过在线教育平台和数字化工具，汉语言文学的教育变得全球化。学生可以通过远程学习参与到汉语言文学的学习和研究中，拓展了学科的国际视野。借助虚拟现实技术，读者可以在虚拟环境中沉浸式地体验文学作品，使阅读过程更具感官和情感的共鸣。这一数字化手段为文学作品的体验提供了全新的可能性，推动了文学的表达方式向更多元化的方向发展。汉语言文学数字化不仅仅是技术手段的运用，更是一场文学创作、传播、研究的全面革新。数字技术的介入使得汉语言文学更贴近当代社会，更富有活力，也为中文文学在国际上的传播和影响力提供了强大支持。

二、汉语言文学数字化的在线传播形式

（一）电子书籍和在线阅读平台

随着数字技术的快速发展，电子书籍和在线阅读平台的兴起为汉语言文学作品的数字化传播提供了全新的方式。读者通过这些平台可以随时随地获取和阅读汉语言文学作品，不仅方便了阅读体验，也拓展了作品的传播范围。电子书籍和在线阅读平台为读者提供了更便捷的获取渠道。通过数字化的形式，读者无须前往实体书店，只需通过电脑、平板或手机即可在线阅读或下载汉语言文学作品。这种便捷的访问方式使得读者可以随时随地满足阅读欲望，大大提高了文学作品的可及性。不论是在家、在公交车上，还是在度假途中，读者都能够方便地获取并阅读心仪的汉语言文学作品。电子书籍和在线阅读平台的兴起拓展了文学作品的传播范围。相比传统的纸质出版，数字化的传播形式可以突破地域限制，使得汉语言文学作品能够更广泛地传播到全球各地。这种全球化的传播有助于增强中文语言文学在国际上的影响力，使得更多非华裔读者能够接触到中文文学的瑰宝。数字化传播的便捷性和全球性为推动中文语言文学与世界各地的文化融合提供了有力支持。数字化形式对文学作品的传播和阅读体验产生了深远的影响。通过在线阅读平台，读者可以使用各种数字功能，如搜索、标注、分享等，使得阅读变得更加交互和个性化。此外，一些平台还提供了音频朗读、互动评论等多媒体元素，丰富了阅读体验，为文学作品赋予了新的表达形式。数字技术的应用使得阅读不再仅仅是静态的文字，而是更富有活力和互动性的体验。电子书籍和在线阅读平台的兴起也为作家提供了灵活和直接的出版途径。传统的纸质出版往往需要经过繁琐的出版流程，而通过在线平台，作家可以更迅速地将作品推向市场。这种直接出版的方式使得更多优秀的汉语言文学作品能够及时面世，也为新兴作家提供了更多展示才华的机会。

数字化传播的平台化和开放性为文学创作提供了更广泛的舞台，推动了中文语言文学的创新与发展。数字化传播形式也面临一些挑战。首先，数字阅读平台的不断涌现导致信息过载，读者面临选择困难。在众多作品中寻找符合个人口味和兴趣的作品成为一项挑战。其次，数字化传播加剧盗版和版权侵犯的问题，需要进一步加强版权保护措施。最后，一些传统读者对数字化阅读产生抵触情绪，认为纸质书籍具有独特的阅读体验。在中

文语言文学与文化融合的背景下，电子书籍和在线阅读平台的数字化传播在促进中文文学的国际传播和融合方面发挥了积极作用。通过数字技术，中文语言文学得以跨越语言和文化的障碍，更广泛地与国外读者进行交流。数字化传播的平台化为各种文学流派和风格提供了更多展示的机会，推动了中文语言文学的多元发展。电子书籍和在线阅读平台的数字化传播为中文语言文学提供了全新的传播途径，拓展了作品的传播范围，提高了作品的可及性，丰富了阅读体验。数字技术的应用不仅为读者提供了便捷和多元的文学体验，也为作家提供了开放和灵活的创作空间。在未来，随着数字技术的不断发展，数字化传播形式将继续在中文语言文学领域发挥重要作用，促进文学的创新、传承与国际交流。

（二）数据分析与读者反馈

随着数字化平台的兴起，数据分析成为作家和出版机构在汉语言文学领域进行精准推广和定制的重要手段。通过分析读者的行为、喜好、评论等数据，作家和出版机构可以更深入地了解读者需求，制定更有针对性的推广策略，提高作品的传播效果。数字化平台为作家和出版机构提供了获取大量读者数据的渠道。通过在线阅读平台、社交媒体等数字化平台，作品可以获得大量的阅读数据、评论和分享等信息。这些数据包含了读者的阅读习惯、喜好、关注点等方面的信息。作家和出版机构可以利用这些数据深入挖掘读者的阅读行为模式，了解他们对文学作品的偏好和反馈，为作品的创作和推广提供有力支持。数字化平台的数据分析为作家提供了更深层次的创作指导。通过分析读者对作品的反馈和评论，作家可以了解到读者对不同情节、人物、风格的喜好，有助于更好地调整创作方向。作家可以根据数据挖掘的结果，更有针对性地创作符合读者口味的作品，提高作品的吸引力和可读性。这种数据驱动的创作过程使得作家能够更好地满足读者的期待，推动文学作品的不断创新与发展。数字化平台的数据分析为出版机构提供了精准的市场定位和读者细分。通过对读者数据的深入分析，出版机构可以了解到不同群体的阅读喜好和需求。这使得出版机构能够更准确地将作品推向目标读者群体，制定精准的市场定位策略。通过分析数据，出版机构可以发现某一类题材在特定年龄段的读者中更为受欢迎，进而调整宣传策略和包装手法，提高作品的曝光度和受众覆盖面。

数字化平台的数据分析也为作品的推广和宣传提供了科学的方法。通过分析作品在不同平台上的传播效果，作家和出版机构可以了解到不同宣传方式的效果，从而更有针对性地选择推广渠道和形式。通过分析社交媒体上的阅读分享量、评论互动等数据，可以了解到读者对于不同类型的宣传内容的反应，以此调整宣传策略，提高宣传的精准度和有效性。数字化平台的数据分析还为作家和出版机构提供了全面的市场反馈。作家可以通过数据分析了解到作品在不同地区、不同年龄段读者中的反馈情况，帮助作家更好地了解不同群体的阅读习惯和文学品位。出版机构能够通过数据分析监测市场动态，及时调整出版策略，更好地适应市场需求。这种市场反馈机制使得汉语言文学作品的创作和推广更具针对性和前瞻性。数字化平台的数据分析也面临一些潜在的问题和挑战。首先，个人隐私问题会受到关注，读者的个人信息需要得到妥善保护，以避免滥用。其次，虽然数据分析能够提供大量的信息，但如何正确解读和利用这些信息也是一个需要深思熟虑的问题。最后，过于依赖数据分析可能导致过度商业化和创作单一化，而忽视了文学作品本身的独特性和艺术性。在数字化时代，数据分析成为汉语言文学作品在线传播中不可忽视的一部分。通过数字化平台的数据分析，作家和出版机构可以更全面、精准地了解读者需求，推动作品的精准推广和定制。数字技术的应用不仅提高了文学作品的传播效果，也促进了作家创作的深入发展。未来，随着数据分析技术的不断升级，数字化平台的作用将进一步加强，为汉语言文学作品的在线传播开辟广阔的前景。

第三节　社交媒体与汉语言文学的文化互动

一、社交媒体的概念

社交媒体是一种通过互联网和移动通信技术构建的平台，允许用户创建、分享和交互信息的虚拟社区。这些平台为个人、组织和企业提供了在线互动的机会，使用户能够创建个人资料、分享文本、图像、音频和视频等多媒体内容，并与其他用户进行实时互动。

二、社交媒体推动汉语言文学的发展

（一）作品推广和传播

1. 创作心得的分享与反馈

社交媒体平台在汉语言文学的传播与文化互动中扮演着至关重要的角色。作家通过在平台上分享创作心得、灵感和写作过程中的思考，与读者进行深度的交流，实现了文学创作与文化互动的新模式。这种社交媒体上的分享不仅为读者提供了作品背后的故事，使作品更具亲近感，同时也为作家与读者之间搭建了一个开放的沟通渠道，促进了文学创作与文化的双向互动。社交媒体平台成为作家分享创作心得的重要场所。作家可以通过微博、

微信、豆瓣等社交媒体平台发布关于创作灵感、写作过程中的思考和困惑等内容。这些分享内容丰富了读者对作品背后故事的了解，使读者更好地投入到作品的世界中。作家在社交媒体上的分享不仅是对作品的一种延伸，也是对创作过程的透明化，使读者能够更深入地感知创作者的努力和付出。社交媒体平台为作家提供了与读者深度交流的平台。通过发布创作心得、解读作品背后的文化元素等内容，作家能够引发读者的思考和讨论。读者通过在评论区表达自己的观点、提出问题，与作家进行互动。这种互动不仅丰富了读者与作家之间的沟通，也为作家提供了宝贵的反馈和建议。作家可以通过读者的观点了解到不同文化背景下的阅读体验，为未来的创作提供更多的灵感和创作方向。社交媒体平台促进了读者对文学创作的参与感。

在社交媒体上，读者不再只是被动地接收作品，而是能够主动参与到作品的创作过程中。通过在评论区分享对作品的解读、提出自己的想法，读者成为文学创作的参与者之一。这种参与感使得读者更加投入到文学创作的过程中，形成了一个共同创作的社群。社交媒体平台上的文学社区不仅拉近了作家与读者之间的距离，也使得文学创作成为一种群体化的体验。社交媒体平台的文化互动也推动了汉语言文学的国际化。通过社交媒体，作家能够直接与国外读者进行交流，分享中国文化的独特之处，解读作品中的文化元素，促进中文文学在国际上的传播。同样，国外读者也通过社交媒体了解到更多中国文学作品和文化内涵，拉近了不同文化之间的距离，促进了文学与文化的跨界交流。社交媒体在文学传播与文化互动中也面临一些挑战。社交媒体上的信息传递存在碎片化和过于迅速的特点，导致一些深度的文学讨论被较为肤浅的评论所替代。社交媒体上的言论自由使得一些不当的言论和评价难以避免，有可能影响文学讨论的质量。作家在社交媒体上的分享也可能受到版权问题的限制，作品的流传受到一定的法律和伦理约束。在数字化时代，社交媒体平台作为文学创作与文化互动的新场所，为汉语言文学的传播与国际化提供了新的机遇。通过社交媒体，作家与读者之间建立了紧密的联系，促进了文学创作的共同体验。社交媒体平台的文化互动使得中文文学更加开放、多元，走向了更加广阔的国际舞台。未来，随着社交媒体技术的不断发展，文学创作与文化互动的方式将进一步创新，为中文语言文学的发展带来丰富的可能性。

2. 新作品预告与期待营造

社交媒体平台在汉语言文学的文化互动中，为作家发布新作品预告提供了一种便捷而高效的途径。通过揭示新作品的元素、故事背后的灵感来源等内容，作家能够在社交媒体上引发读者的好奇心和期待感，从而为作品的推广打下基础。这种预告式的互动不仅营造了一种期待的文学氛围，也通过读者在社交媒体上的评论和分享，将新作品的信息传播开来，获得了更广泛的关注度。社交媒体平台为作家发布新作品预告提供了直接而全球化的渠道。作家可以在微博、微信、豆瓣等社交媒体平台上发布关于新作品的消息，以图片、文字、视频等形式进行宣传。这样的宣传方式能够直接触达大量读者，实现全球范围内的宣传。与传统的宣传方式相比，社交媒体的传播速度更快，覆盖面更广，使得作品的信息能够在比较短的时间内传播到全球各地。社交媒体平台的新作品预告形式激发了读者的好奇心和期待感。通过揭示一些作品元素、故事背后的灵感来源，作家能够在读者心中勾勒出一幅文学的未来画卷。读者通过对这些信息的解读，自发地产生对作品的期待。这种预告式的互动不仅为作品的推广奠定基础，也使得作品在尚未问世时就建立了一种期待的氛围，为作品的成功发布创造了有利条件。

社交媒体平台为读者提供了参与和互动的机会。作家在发布新作品预告的同时，往往会引发读者的热烈讨论。读者通过在评论区表达对作品的期待、猜测作品的情节走向等，形成了一个互动的社群。这种互动不仅拉近了作家与读者之间的距离，也使得作品的发布不再是单方面的宣传，而是一个共同参与的过程。读者的参与感和互动性为作品的推广和传播注入了更多的活力。社交媒体平台的新作品预告还推动了文学作品在社交媒体上的更广泛传播。读者通过在社交媒体上的评论、点赞、分享等行为，将新作品的信息传播到更广泛的受众中。这种口口相传的传播方式使得作品的知名度逐渐扩大，吸引更多的读者关注。社交媒体平台的信息传播速度之快，使得新作品能够在短时间内迅速引起广泛关注，为作品的成功发布提供了有力的支持。社交媒体平台在发布新作品预告方面也面临一些挑战。首先，社交媒体上信息的碎片化浏览速度的加快，可能导致读者对作品的理解过于片面，甚至存在误导。其次，社交媒体上信息的过度曝光可能导致读者在作品正式发布前已经产生疲劳感，影响他们对作品的真实体验。最后，社交媒体平台上的一些言论可能受到网络环境的影响，作家和作品面临一些不必要的负面评论。在数字化时代，社交媒体平台为作家发布新作品预告提供了全新的机遇和挑战。通过社交媒体平台，作家能够在全球范围内直接与读者进行互动，形成一种共同期待的文学氛围。社交媒体的新作品预告形式既满足了读者对作品的好奇心和期待感，又通过互动的方式拉近了作家与读者之间的关系。未来，随着社交媒体技术的不断发展，新作品预告的形式和互动方式也将不断创新，为汉语言文学的在线传播带来更多可能性。

（二）汉语言文学活动的组织与参与

社交媒体的兴起给汉语言文学活动的组织和参与带来了前所未有的便利和活力。通过各种社交媒体平台，文学机构和个人可以迅速、直观地发布汉语言文学活动的信息，吸引更多读者的参与，从而促进了汉语言文学活动的丰富多彩。社交媒体平台成为汉语言文学活动信息发布的主要渠道。文学机构、文学期刊、出版社、作家个人等可以通过微博、微信公众号等社交媒体平台，发布各种文学活动的信息，如文学讲座、作品发布会、文学展览等。这些信息的发布方式不仅快速高效，而且具有广泛的覆盖面，可以迅速传播到大量潜在的读者群体中，吸引更多的人关注并参与活动。社交媒体平台促进了读者对汉语言文学活动的参与和互动。通过社交媒体平台，读者可以方便地了解到汉语言文学活动的时间、地点、内容等信息，并进行实时的互动和交流。他们可以在活动的官方微博或微信公众号下留言询问问题、表达观点，与其他参与者进行讨论，甚至与作家进行在线交流。这种互动和参与形式不仅加强了读者与汉语言文学活动之间的联系，也丰富了活动的内涵和互动性。除此之外，社交媒体平台还为汉语言文学活动的宣传和推广提供了更多样化的手段。通过制作精美的活动海报、发布吸引人的活动宣传视频、举办有趣的线上互动等方式，文学机构和个人可以吸引更多的关注和参与。此外，社交媒体平台还可以通过投放广告、邀请影响力大的人物转发宣传等方式，提升活动的曝光度和知名度，进而吸引更多人参与。社交媒体平台也为汉语言文学活动的评价和反馈提供了重要渠道。参与活动的读者可以在活动结束后通过社交媒体平台发布自己的活动体验和感受，表达对活动的赞赏或批评，提出建议和意见。这种反馈对于文学机构和个人来说是宝贵的参考资料，可以帮助他们改进活动组织的方式和内容，提升活动的质量和吸引力。社交媒体为汉语言文学活动的组织和参与提供了便捷的途径。它不仅扩大了文学活动的传播范围和影响力，也丰富了活动的形式和内容，促进了汉语言文学活动的蓬勃发展和丰富多彩。随着社交媒体技术的不断创新和发展，相信它将继续在汉语言文学活动的组织和参与中发挥重要作用，为汉语言文学的繁荣和传承做出更大的贡献。

（三）汉语言文学话题的讨论与分享

社交媒体的兴起为汉语言文学爱好者提供了一个开放、共享的交流平台，使他们能够方便地分享自己的阅读体验、文学见解，并参与到各种文学话题的讨论与分享中来。这种形式的文学交流不仅促进了读者之间的互动和交流，也拓宽了文学爱好者们的视野和理解，为汉语言文学的传承与发展注入了新的活力。社交媒体平台为读者提供了一个方便快捷的分享平台。通过微博、微信社交媒体平台，读者可以随时随地分享自己的阅读体验、感悟和文学见解。他们可以在平台上发布读书笔记、书评、文学心得等内容，展示自己对文学作品的理解和感受。这种分享形式不仅方便了读者表达自己的观点和情感，也丰富了社交媒体的文学内容，为其他文学爱好者提供了更多的阅读选择和灵感来源。社交媒体平台成为文学话题讨论的主要场所。

在各种社交媒体平台上，常常可以看到针对文学作品、作家、文学流派等话题的讨论和分享。读者们可以在平台上发起话题讨论，邀请其他读者参与，分享自己的观点和见解，与其他文学爱好者展开深入交流。这种开放式的文学讨论空间不仅拓展了读者们的思维和视野，也促进了他们之间的交流与互动，为汉语言文学的传承与发展提供了一个重要的交流平台。社交媒体平台还促进了文学爱好者之间的互动与联结。在社交媒体上，读者们可以关注自己喜欢的文学机构、作家、文学博主等，与他们保持联系，并通过他们了解到更多的文学资讯和活动信息。此外，社交媒体平台也常常会组织各种文学活动，如线上读书会、作品讨论会、文学分享会等，为文学爱好者们提供一个互动的平台，促进他们之间的交流与联结，形成一个共同探讨、分享文学的社区。社交媒体平台也为文学创作提供了一个展示和交流的舞台。在社交媒体上，不少文学爱好者也是文学创作者，他们可以通过平台发布自己的作品、创作心得，与其他创作者进行交流和互动。通过这种形式，他们不仅能够获得更多的读者和反馈，也可以与其他创作者分享经验、互相学习，促进自身创作水平的提升。社交媒体成为汉语言文学爱好者交流的重要平台，通过社交媒体平台，读者们可以方便地分享自己的阅读体验、文学见解，参与到各种文学话题的讨论与分享中来，形成了一个开放、共享的文学交流空间，促进了文学爱好者之间的交流与互动，为汉语言文学的传承与发展注入了新的活力。

第四节 虚拟现实技术对汉语言文学与文化的创新影响

一、虚拟现实技术对汉语言文学的创新影响

（一）沉浸式叙事体验

虚拟现实技术在汉语言文学领域的应用，为读者创造了全新的文学体验，使他们能够沉浸地感受作品中的场景、情感和氛围。这种技术的引入，不仅为文学作品赋予了更强的感染力和吸引力，同时也对传统文学叙事方式和创作手法提出了新的挑战。虚拟现实技术为文学作品创造了沉浸式的展示方式。传统的文学作品主要依赖于文字来描绘场景、人物和情节，而虚拟现实技术则通过创建三维环境，使得这些元素以真实和立体的方式呈现在

读者眼前。通过头戴式显示器等设备，读者可以沉浸在虚拟世界中，感受到作品中的空间、色彩和光影，使得作品的叙述具体和真实。这种沉浸式体验使得文学作品更具互动性和沉浸感，为读者提供了一种全新的文学阅读体验。虚拟现实技术为文学作品创造了丰富的情感体验。通过虚拟现实技术，作品中的情感元素可以以直观、身临其境的方式呈现。读者不仅能够看到人物的表情、动作，还能够感受到作品中蕴含的情感氛围，例如，在一部描写爱情的小说中，通过虚拟现实技术，读者可以更深刻地体验到人物之间的眼神交流、手势动作，使得情感表达更加生动而有力。这种情感体验的加强为文学作品注入了丰富的层次，使得读者更容易沉浸其中，产生共鸣。虚拟现实技术为文学作品的创作提供了新的可能性。

传统的文学作品主要依赖于文字来传达信息，而虚拟现实技术则通过图像、声音、互动等多种手段，为作家提供了丰富的表达方式。作家可以通过虚拟现实技术创造出庞大、细致的虚拟世界，使得作品的想象空间得到更大的拓展。在这个虚拟的环境中，作家可以通过音效、立体画面等手段来表达作品中的意境和情感，使作品生动而有趣。虚拟现实技术的应用也面临一些挑战。虚拟现实技术的开发和使用需要一定的技术和资金支持，这对一些创作者和文学机构的实际应用造成一定的难度。作品在虚拟现实环境中的制作和展示涉及多媒体内容的创作和整合，需要作者具备跨领域的技能。这也提出了对作家的新要求，需要他们具备更多的技术知识，与技术团队合作，共同完成虚拟现实作品的创作。在虚拟现实技术与汉语言文学融合的未来，还有很多发展的空间。随着技术的不断进步，虚拟现实技术的硬件设备将变得更加先进、轻便，提供便捷的体验。这将使得更多的读者能够轻松地接触和体验虚拟现实文学作品。虚拟现实技术与其他数字技术的结合，例如人工智能、大数据等，有望进一步提升文学作品的个性化和互动性。通过分析读者的喜好和行为，虚拟现实技术可以为每位读者提供定制化的文学体验，推动文学作品与读者之间的互动关系深入。虚拟现实技术为汉语言文学注入了新的创新力量，使作品沉浸式、生动，为读者提供了全新的文学体验。虽然目前在汉语言文学领域中虚拟现实技术的应用还处于初步阶段，但随着技术的不断发展和推广，相信这一技术将在未来为文学创作和阅读带来丰富、多样的可能性。

（二）虚拟文学创作

作家可以利用虚拟现实技术创作虚拟文学作品，通过虚拟现实平台建构虚拟世界和虚拟人物，使得读者能够在虚拟环境中与文学作品进行直观的互动。这种创新推动了文学创作形式的拓展和实验，为汉语言文学带来了新的可能性。虚拟文学作品的创作具有立体和互动的特点。通过虚拟现实技术，作家可以在虚拟环境中创造出三维的场景和人物，使得作品更具立体感。读者可以在虚拟环境中自由移动、互动，与虚拟人物进行实时对话和互动体验。这种直观的互动方式使得文学作品不再局限于静态的文字和图片，而是呈现出生动和丰富的形式。作家可以通过虚拟现实平台，将读者带入作品中，让其沉浸在一个全新的、感官丰富的文学世界中。虚拟文学作品的创作拓展了文学叙事的表达手法。传统文学主要通过文字来叙述情节和描绘场景，而虚拟文学作品通过虚拟现实技术，可以借助图像、声音、互动等多种手段来表达故事。作家可以在虚拟环境中设置视觉、听觉、触觉等多种元素，使得读者能够全身心地感受到作品中的情感和氛围。这种多感官的叙事方式丰富了文学作品的表达形式，使得作品更具有戏剧性和影像感。作家在创作时需要考虑如何更好地利用虚拟现实技术，以创造出引人入胜的文学体验。虚拟文学作品为读者提供了个性化和自主的阅读体验。

在虚拟环境中，读者可以自由选择不同的路径和互动选项，影响故事的发展走向。这种非线性的叙事结构使得每位读者都能够根据自己的兴趣和偏好来塑造作品的走向，创造出独一无二的阅读体验。虚拟文学作品的个性化特点使得文学作品不再是一个固定的、静态的实体，而是一个可以根据读者意愿不断演变的动态体验。这种个性化和自主性的阅读方式促进了读者与文学作品之间的深入的互动。虚拟文学作品的创新也面临一些挑战。第一，虚拟现实技术的开发和应用需要相当的技术支持和资金投入，对于一些独立作家或小型文学机构来说，存在一定的门槛。其次，虚拟文学作品需要读者具备一定的虚拟现实设备，如头戴式显示器等，这在一定程度上限制了作品的传播范围。第二，虚拟文学作品的制作涉及多媒体内容的创作和整合，对作家的技术水平提出了更高的要求。在未来，随着虚拟现实技术的不断发展，虚拟文学作品有望在汉语言文学领域中发挥更重要的作用。第三，随着虚拟现实技术硬件设备的不断升级和普及，读者更容易获取和体验虚拟文学作品。第四，虚拟现实技术与其他数字技术的结合，如人工智能、大数据等，将为虚拟文学作品的个性化和互动性提供丰富的可能性。第五，作家和文学机构可以通过虚拟现实技术创造引人入胜的文学作品，拓展文学创作的边界，使其更加多元、创新。虚拟现实技术对汉语言文学的创新影响不仅在于提供了新的表达方式，更在于改变了作品与读者之间的互动方式，为文学领域带来了一场全新的革命。

（三）汉语言文学教育的虚拟化

虚拟现实技术在汉语言文学教育中的应用为学生提供了生动的学习体验，使得学生可以通过虚拟现实环境走进文学作品中，亲身感受作品的语境和文化背景。这种虚拟化的学习方式有助于激发学生的学习兴趣和深度理解，为汉语言文学的教育注入了新的创新元素。虚拟现实技术在汉语言文学教育中为学生提供了沉浸式的学习体验。传统的文学教学主要依赖于书本和教室，学生通过文字来理解和感知文学作品。通过虚拟现实技术，学生可以在虚拟环境中仿佛置身于作品的情境之中。学生可以通过虚拟现实设备体验古代文学作品中的历史场景，感受不同时代的文化氛围。这种沉浸式的学习方式使得学生更加身临其境，更容易产生对文学作品的情感共鸣，激发学习兴趣。虚拟现实技术为汉语言文学教育提供了直观的教学工具。在传统的汉语言文学教育中，教师通常需要通过描述和解释来让学生理解作品的背景、情节等。通过虚拟现实技术，教师可以利用虚拟场景、虚拟人物等元素，直观地呈现作品的内容。学生可以通过虚拟现实设备参与到一场虚拟话剧中，亲身感受角色的情感表达，加深对作品的理解。这种直观的教学方式有助于提高学生的学习效果，使他们更容易理解和记忆文学作品。

虚拟现实技术可以为汉语言文学教育提供个性化和多样化的学习体验。通过虚拟现实平台，学生可以根据自己的兴趣和需求选择不同的学习路径，自主探索文学作品的世界。这种个性化的学习方式有助于激发学生的学习动力，使他们更加主动地参与到文学学习中。虚拟现实技术可以为学生提供更多样的学习资源，例如，虚拟博物馆、历史场景重现等，丰富了学习的层次和内容。虚拟现实技术在汉语言文学教育中的创新应用也带来了一些挑战。虚拟现实技术的设备和软件需要一定的投资和维护成本，这对学校和教育机构的实际应用形成一定的经济压力。教师需要具备一定的技术素养，能够灵活运用虚拟现实技术进行教学。这也提出了对教师培训的需求，以更好地适应新的教学模式。由于虚拟现实技术在教育领域的应用还相对较新，一些教育标准和评估体系尚未完善，需要更多研究和实践来建立科学的评估机制。在未来，虚拟现实技术在汉语言文学教育中的应用将有望继续深化。首先，随着虚拟现实技术的不断发展，设备的成本会逐渐降低，使得更多学校和机构能够采用这一技术。其次，虚拟现实技术与其他数字技术的结合，如人工智能、大数据等，将为汉语言文学教育提供智能化和个性化的解决方案。最后，虚拟现实技术的不断创新将为汉语言文学教育带来更多的可能性，如虚拟写作工作坊、虚拟文学展览等，拓展了学生对文学的认知和体验。虚拟现实技术在汉语言文学教育中的应用为学生提供了生动、直观、个性化的学习体验。通过虚拟现实环境，学生可以深入到文学作品中，感受其中的文化、情感和历史，促使学生更深入地理解和体验文学作品。虽然在应用中存在一些挑战，但随着技术的不断发展和教育体系的逐步完善，虚拟现实技术将为汉语言文学教育带来更多的创新和可能性。

（四）虚拟汉语言文学展览与演出

虚拟现实技术为汉语言文学展览和演出提供了全新的可能性，使得作品以虚拟形式呈现，观众通过虚拟现实设备可以参与到汉语言文学展览和演出中。这样的虚拟展览不受地理位置的限制，能够让更多的人参与其中，为汉语言文学的展示和传播带来了革命性的变化。虚拟现实技术为汉语言文学展览提供了灵活和多样化的呈现方式。传统的汉语言文学展览通常需要在特定的场地举办，观众需要亲临现场才能参与。通过虚拟现实技术，文学作品可以以虚拟形式呈现在一个虚拟的展览空间中，观众只需通过虚拟现实设备，如头戴式显示器，就能够参与其中。这种虚拟展览不受地理位置的限制，观众可以随时随地参与，为更多人提供了欣赏文学作品的机会。作品的呈现方式也灵活，可以通过虚拟空间的设计和互动元素，打破传统展览的局限，创造出丰富和有趣的展览体验。虚拟现实技术为汉语言文学演出提供了身临其境的观赏体验。传统的汉语言文学演出通常以舞台为主，观众通过观看演员表演来感受作品的呈现。通过虚拟现实技术，观众可以通过虚拟现实设备沉浸在一个虚拟的演出场景中。在一场虚拟文学朗诵中，观众可以选择自己的观赏角度、与虚拟演员进行互动，感受身临其境的演出体验。虚拟现实技术为汉语言文学演出注入了更多的互动元素，使得观众参与度更高，观赏体验丰富。

虚拟现实技术为汉语言文学展览和演出提供了全新的参与方式。观众不再意味着被动地接受演出或展览，而是可以通过虚拟现实设备主动参与到文学作品中。在一个虚拟汉语言文学展览中，观众可以通过手势控制、虚拟按钮等方式与作品互动，了解作品背后的故事、文化背景等。这种主动参与的方式使观众成为演出和展览的一部分，打破了传统观众与作品之间的界限，促进了观众与文学作品之间的紧密的互动。虚拟现实技术在汉语言文学展览和演出中的创新也带来了一些挑战。文学作品的呈现和互动需要精细的设计和技术支持，对于一些创作者和文学机构来说，需要更多的技术投入。由于虚拟现实技术的应用相对较新，一些文学展览和演出的评价标准和规范尚未完善，需要更多的实践和研究来建立科学的评估机制。在未来，虚拟现实技术在汉语言文学的展览和演出中的应用有望进一步扩展。随着虚拟现实技术的不断发展，设备的性能和成本应降低会进一步提升，使得更多的观众能够轻松获取和使用虚拟现实设备。虚拟现实技术与其他数字技术的融合，如人工智能、大数据等，将为汉语言文学展览和演出提供智能和个性化的解决方案。文学创作者和文学机构可以通过虚拟现实技术创造引人入胜的文学作品呈现方式，丰富了文学创作的形式和内容。虚拟现实技术为汉语言文学展览和演出带来了全新的可能性，使观众能够更灵活地参与其中，深度感受汉语言文学作品的魅力。虽然在应用中面临一些挑战，但随着技术的不断发展和实践的推进，虚拟现实技术将为汉语言文学的展示和传播注入更多创新和活力。

二、虚拟现实技术对汉语言文化的创新影响

（一）汉语言文化体验的沉浸式提升

虚拟现实技术为用户提供了沉浸式的汉语言文化体验，通过虚拟现实设备，用户可以身临其境地感受汉语言文化的传统场景、艺术表演、历史事件等。这种沉浸式体验不仅使文化更加生动、感性，还促进了汉语言文化的传承和体验。虚拟现实技术通过模拟传统场景，为用户提供了真实和身临其境的文化体验。通过虚拟现实设备，用户可以仿佛置身于古代文化场景中，亲身感受传统建筑、古老街巷、传统手工艺等元素。在虚拟现实中，用户可以漫步于仿古街道，欣赏到传统手工艺人的技艺，感受传统文化的深厚底蕴。这种沉浸式的体验使用户更加亲近文化，激发了对传统文化的兴趣和热爱，促进了文化传承。虚拟现实技术为艺术表演提供了全新的展示方式。通过虚拟现实设备，用户可以在家中就能够欣赏到传统的汉语言文化艺术表演，如京剧、昆曲、杂技等。虚拟现实技术可以模拟舞台效果、音响效果，使用户仿佛置身于演出现场。这种远程参与艺术表演的方式打破了地域限制，使得更多的人能够欣赏到高质量的文化艺术表演，推动了传统艺术的传播和弘扬。虚拟现实技术通过模拟历史场景，使用户可以亲历历史事件，增进对历史文化的了解。在虚拟现实中，用户可以参与到古代战争、历史盛宴等场景中，深入了解历史文化的背后故事。这种体验不仅让历史更加生动有趣，也促进了用户对汉语言文化的历史传承的认识，加深了文化传统的感知。虚拟现实技术通过模拟文化体验，为用户提供了个性化的文化学习方式。用户可以根据自己的兴趣和需求，选择不同的文化体验，自主探索汉语言文化的多样性。用户可以在虚拟现实中学习中国传统茶道、书法、绘画等艺术形式，定制个性化的文化体验计划。这种个性化的学习方式有助于提高用户的学习兴趣和深度理解，使文化体验更具有个性化和针对性。

虚拟现实技术在汉语言文化中的创新影响也带来了一些挑战。汉语言文化体验的模拟需要精细的设计和技术支持，对于一些文化机构和创作者来说，需要更多的技术投入。由于虚拟现实技术在汉语言文化领域的应用相对较新，一些文化评价标准和规范尚未完善，需要更多的实践和研究来建立科学的评估机制。在未来，虚拟现实技术在汉语言文化的创新影响将进一步扩展。虚拟现实技术与其他数字技术的融合，如人工智能、大数据等，将

为文化体验提供智能和个性化的解决方案。虚拟现实技术的创新将为文化机构、教育机构和文化创作者提供更多的可能性，如虚拟博物馆、在线文化课程等，推动汉语言文化在全球范围内更好地传播。虚拟现实技术通过提供沉浸式的文化体验，推动了汉语言文化的传承和发展。尽管在应用中面临一些挑战，但随着技术的不断发展和实践的推进，虚拟现实技术将为汉语言文化的创新和传播注入更多创新和活力，为用户提供丰富和深度的文化体验。

（二）汉语言文化遗产的数字化保护与传承

虚拟现实技术为汉语言文化遗产的保护和传承提供了新的途径，为古建筑、艺术品、历史遗迹等汉语言文化遗产的数字化、立体化展示提供了可能。这一技术使得人们可以在虚拟环境中亲身感受和探索中国传统文化的独特魅力，为传统文化的保护、传承和推广注入了新的活力。虚拟现实技术可以用来数字化古建筑，将历史建筑以三维的形式呈现在虚拟环境中。通过对古建筑的数字化建模，人们可以在虚拟现实环境中进行虚拟游览，欣赏建筑的各个细节和特色。人们可以穿越时空，置身于古代的宫殿、庙宇或城墙之中，感受到古代建筑的壮美和历史底蕴。这种虚拟的体验使得传统建筑的保护和传承更加具体和直观，有助于引发人们对传统建筑的兴趣和关注。

虚拟现实技术还可以用来数字化和展示各种艺术品，如绘画、雕塑、陶瓷等。通过数字化的方式，人们可以在虚拟环境中近距离欣赏各种艺术品，了解其艺术风格、历史背景和文化内涵。一幅名家绘画作品可以在虚拟现实环境中以高清晰度的方式呈现，观众可以通过放大、旋转等操作来仔细观察绘画的细节和技巧。这种数字化展示方式不仅丰富了人们的艺术鉴赏体验，也为艺术品的保护和传承提供了新的手段。虚拟现实技术还可以用来重现历史遗迹和场景，帮助人们了解和感知历史文化的厚重。通过对历史遗迹的数字化建模和虚拟还原，人们可以在虚拟环境中重新体验历史事件和文化场景。人们可以通过虚拟现实技术走进古代的城市、战场或宫殿，亲身感受古代文明的繁荣和辉煌，了解历史事件的发生和演变。这种沉浸式的体验使得历史文化的传承更加生动和有趣，有助于激发人们对历史的兴趣和热爱。虚拟现实技术为汉语言文化遗产的保护和传承提供了新的途径，为人们提供了更加生动、直观的体验方式。通过虚拟现实技术，人们可以在虚拟环境中亲身感受和探索传统文化的独特魅力，促进了传统文化的传承和弘扬。随着技术的不断发展和应用，相信虚拟现实技术将在汉语言文化遗产的保护和传承中发挥越来越重要的作用。

（三）汉语言文化交流与共享的拓展

虚拟现实技术为汉语言文化的国际交流与共享拓展了新的可能性，通过虚拟现实平台，国际用户可以更便捷地了解和体验汉语言文化，促进了不同文化之间的交流与理解，实现了汉语言文化的全球传播和共享。虚拟现实技术为国际用户提供了身临其境的汉语言文化体验。通过虚拟现实设备，国际用户可以在虚拟环境中仿佛置身于中国的历史古城、名胜古迹、文化遗产等地，感受中国文化的独特魅力。他们可以在虚拟现实平台上参观中国的故宫、长城、丝绸之路等知名景点，了解中国悠久的历史和灿烂的文化。这种身临其境的体验使得国际用户更加直观地了解和感受汉语言文化，促进了跨文化交流与理解。虚拟现实技术为国际用户提供了与汉语言文化相关活动的参与机会。通过虚拟现实平台，国际用户可以参与到各种汉语言文化活动中，如书法比赛、传统音乐表演、民间艺术展示等，与中国文化艺术家进行实时互动，共同探讨文化交流与合作的话题。这种虚拟的参与方式使得国际用户可以不受地域限制地参与到汉语言文化的传播和交流中，促进了国际文化的多样化与共享。

虚拟现实技术还可以为国际用户提供定制化的汉语言文化学习体验。通过虚拟现实平台，国际用户可以选择自己感兴趣的文化主题，如中国的传统节日、民间传说、武术功夫等，进行个性化学习和体验。他们可以通过虚拟现实设备参与到一场中国春节庆祝活动中，了解中国的传统习俗、民俗文化等内容。这种定制化的学习体验有助于满足国际用户对中国文化的个性化需求，提高他们学习汉语言文化的积极性和参与度。虚拟现实技术还可以为汉语言文化的国际传播提供更多样化和创新化的展示方式。通过虚拟现实平台，国际用户可以观看虚拟现实电影、音乐会、文化展览等内容，了解中国当代文化的发展和变化。他们可以通过虚拟现实设备参与到一场中国当代艺术展览中，欣赏中国艺术家的作品，感受中国当代文化的独特魅力。这种创新的展示方式使得汉语言文化的传播更加生动、直观，吸引了更多国际用户的关注和参与。虚拟现实技术为汉语言文化的国际交流与共享提供了新的途径，通过虚拟现实平台，国际用户可以更便捷地了解和体验汉语言文化，促进了不同文化之间的交流与理解，实现了汉语言文化的全球传播和共享。随着虚拟现实技术的不断发展和应用，相信汉语言文化的国际交流与共享将会进一步拓展和深化。

（四）汉语言文化创意产业的拓展与创新

虚拟现实技术为汉语言文化创意产业的拓展和创新提供了新的契机。通过虚拟现实技术，可以创作出生动、震撼的汉语言文化创意作品，如虚拟现实游戏、影视作品、文化展览等，从而吸引更多的受众，推动汉语言文化创意产业的发展。虚拟现实技术为汉语言文化创意产业带来了生动和沉浸式的体验。通过虚拟现实技术，创作者可以将汉语言文化的各个方面呈现在用户面前，使用户仿佛置身其中，例如，一部以中国古代神话故事为背景的虚拟现实游戏可以让玩家亲身体验与神话中人物的互动，探索古代中国的神秘世界。这种沉浸式的体验不仅能够吸引更多的用户，还能够让他们更深入地了解和体验汉语言文化。虚拟现实技术为汉语言文化创意产业带来了更广阔的市场和更多样化的作品形式。通过虚拟现实技术，创作者可以创作出各种各样形式的汉语言文化创意作品，如虚拟现实电影、游戏、艺术展览等，满足不同用户群体的需求。这种多样化的作品形式不仅能够吸引更多的受众，还能够拓展汉语言文化创意产业的市场空间，促进产业的持续发展。虚拟现实技术为汉语言文化创意产业带来了更丰富和更具创新性的创作手法。通过虚拟现实技术，创作者可以借助立体画面、全景视角、互动体验等特点，创作出独特和震撼的作品。一部采用虚拟现实技术拍摄的电影可以让观众在观影过程中身临其境，感受到与传统电影不同的沉浸式体验。这种创新的创作手法能够吸引更多的注意力，提升作品的影响力和吸引力。虚拟现实技术为汉语言文化创意产业带来了更高的国际竞争力和影响力。随着虚拟现实技术的不断发展和普及，越来越多的国际用户开始关注和体验汉语言文化创意作品。这不仅能够促进汉语言文化在国际上的传播和交流，还能够为中国文化产业赢得更多的国际市场份额。因此，虚拟现实技术为汉语言文化创意产业提供了广阔的发展空间和更高的发展潜力。虚拟现实技术为汉语言文化创意产业的拓展和创新提供了新的契机，通过虚拟现实技术，可以创作出生动、震撼的汉语言文化创意作品，吸引更多的受众，推动汉语言文化创意产业的发展。随着虚拟现实技术的不断发展和应用，相信汉语言文化创意产业将会迎来更加美好的未来。

参考文献

[1] 魏薇．融合优秀传统文化的汉语言文学发展策略研究［J］．新楚文化，2023（29）：21-23.

[2] 于鸿伟．汉语言文学研究在文化传承中的价值研究［J］．名家名作，2022（21）：82-84.

[3] 赵琰．探析汉语言文学中国学文化的魅力［J］．青年文学家，2016（27）：191.

[4] 王朝艳．汉语言文学教育中的问题与策略［J］．智库时代，2019（32）：213-214.

[5] 王文洁．汉语言文学与传统茶文化的融合［J］．散文百家（理论），2020（05）：183.

[6] 阳国光．汉语言文学课程教学与传统茶文化融合路径研究［J］．绿色科技，2021，23（03）：249-250.

[7] 外利·吾甫尔．汉语言文学在中华传统文化传播中的助推作用探析［J］．文化创新比较研究，2021，5（05）：105-107.

[8] 文建华．关于汉语言文学在网络环境下的传播分析［J］．传媒论坛，2021，4（07）：161-162.

[9] 万志华．汉语言文学与传统文化的融合［J］．文化创新比较研究，2020，4（30）：148-150.

[10] 袁泉．中国语言文学发展与跨文化传播研究——评《语言文学发展与跨文化交流》［J］．新闻爱好者，2018（02）：105.

[11] 姜佳宏．新媒体背景下汉语言文学教学优化路径［J］．汉字文化，2023（24）：118-120.

[12] 王伟杰．汉语言文学专业人文应用型人才培养策略研究［J］．湖北开放职业学院学报，2023，36（23）：51-52+55.

[13] 王丽宏．汉语言文学教学中审美教育的实施［J］．甘肃教育研究，2023（10）：14-16.

[14] 申桂子. 试论汉语言文学中语言的应用与意境［J］. 产业与科技论坛，2023，22（19）：170-171.
[15] 周科. 语言在汉语言文学中的应用意境探微［J］. 作家天地，2023（25）：76-78.
[16] 马绍莉. 汉语言文学对文化传承的影响探讨［J］. 作家天地，2023（24）：26-28.
[17] 武玉容. 汉语言文学中意境与情感表达的关系［J］. 作家天地，2023（24）：29-31.
[18] 毛晓蕾. 关于汉语言文学的语言意境研究［J］. 新楚文化，2023（18）：16-19.
[19] 郑思奕. 汉语言文学中诗词韵味赏析探究［J］. 作家天地，2023（12）：48-50.
[20] 李梅. 融合优秀传统文化的汉语言文学发展路径探析［J］. 中国民族博览，2023（07）：225-227.